# 至善之路

## ——共同基金之父罗伊·纽伯格的投资艺术人生

[美] 罗伊·R. 纽伯格(Roy R. Neuberger) 著

艾尔弗雷德·康纳布尔(Alfred Connable)
罗马·康纳布尔(Roma Connable) 协助整理

王维群 译

上海财经大学出版社

**图书在版编目(CIP)数据**

至善之路:共同基金之父罗伊·纽伯格的投资艺术人生/(美)罗伊·R. 纽伯格(Roy R. Neuberger)著;王维群译. —上海:上海财经大学出版社,2021.10

书名原文:So Far, So Good:The First 94 Years

ISBN 978-7-5642-3841-4/F·3841

Ⅰ.①至… Ⅱ.①罗… ②王… Ⅲ.①罗伊·纽伯格-传记 Ⅳ.①F837.124.8

中国版本图书馆 CIP 数据核字(2021)第 167438 号

□ 责任编辑 刘 兵

□ 封面设计 张克瑶

图字:09-2007-072 号

***So Far, So Good—The First 94 Years***

Roy R. Neuberger



**至善之路**

——共同基金之父罗伊·纽伯格的投资艺术人生

[美] 罗伊·R. 纽伯格(Roy R. Neuberger) 著

艾尔弗雷德·康纳布尔(Alfred Connable)
罗马·康纳布尔(Roma Connable) 协助整理

王维群 译

---

上海财经大学出版社出版发行

(上海市中山北一路 369 号 邮编 200083)

网 址:http://www.sufep.com

电子邮箱:webmaster@sufep.com

全国新华书店经销

上海颛辉印刷厂有限公司印刷装订

2021 年 10 月第 1 版 2021 年 10 月第 1 次印刷

---

890mm×1240mm 1/32 7.25 印张(插页:2) 175 千字

定价:68.00 元

# 中译本序一

21 世纪伊始,今天称为“路博迈”的这家公司居然还没有一个正式的中文名字。此时,无论是在华的外交官、外籍商人,还是跨国公司,大多以能够炫耀一个漂亮的中文名字而自豪。中国已经进入了国际社会的舞台中心,中国的经济、金融在国际市场中的分量已经举足轻重。作为一个国际上有影响力的金融机构,且能够在 20 世纪初创之后始终在波涛汹涌的金融市场上立于不败之地,并一路挺进中国开拓业务的美国公司,似乎应该有个合适的、颇有汉文化意味的名字。十年前,公司高管层请我给他们起一个名字。我不好推脱,勉为其难,刻意创造了一个音义兼顾的汉名。

当时,罗伊·纽伯格还健在,我想他会很高兴听到自己创办的公司有了一个铿锵上口的中文名字,而且含蓄地反映了他一生的经历。美国进入 20 世纪之后，随着工业化进程的加快，金融行业机会来临，迅速崛起。金融和实业相辅相成，国力随之增强。尽管如此，美国的金融行业从来不是风平浪静的。期间，1929 年的大萧条重创美国经济，资本主义几乎遭到灭顶之灾。即便在经济景气的年代，美国资本市场也是波谲云诡、跌宕起伏，并不总是顺风顺水。20 世纪 80 年代末我在波士顿大学深造时，就切身目睹了 1987 年的股灾。所有这一切，致使很多企业难逃“其兴也勃焉，其亡也忽焉”的命运。但是，总体上，与二十一世纪相比，实体经济和金融系统的关系还是相对紧密的。近百年来，美国资本市场的发展壮大，也得益于一批杰出的人才。罗伊·纽伯格先生就是其中突出的一位金融家。据我所知，他是唯一一位经历过 1929 年和 1987 年两次美股崩盘且两次都能有惊无险地挺过危机的成功者。股市上，胜败乃投资者之常事。胜者有运气，也有智慧。败者并非都是平庸之才，也不能全归咎于运气不好，主要可能还是输在投资的心态和策略上。不少投资者都难免短视或者贪婪，试图锁定近期盈利目标，而没有长期可持续的投资策略。罗伊·纽伯格的成功，在于其智慧、理性、稳健这些个人要素的完美发挥。不少人把股市当赌场，他们不光是豪赌，而且在股市里拼搏的目的也是为了寻求刺激。只有为数不多的投资家能够把股市作为充满风险，但是可以在那里与狼共舞的金融原野。

罗伊·纽伯格的成功，也许首先因为他是一个能够正确看待人生的智者。他是深深植根于美国资本主义制度的投资者，但是他从不是为挣钱而活着，而是为了追求真正富有人生气息的生活而选择好好地活在这个世界上。他所追求的生活，不仅仅是他个人的，也是很多像梵高那样被剥夺了自身价值的艺术家的生活。这就是他的人生价值观——一位真正懂得生活和投资的艺术家。他之所以能成为资本市场上的投资艺术家，因为他首先是一位生活中的伟大的艺术家。

跟罗伊·纽伯格学投资技巧,也许很难。无论是读他的《忠告》,还是《至善之路》,都不要忽视他对人生的看法,以及他忠实践行自己人生观的品行。这是他的境界,在资本主义环境的熏陶里成长和生活的很多人,往往难以企及。当今市场上有很多教人如何做生意的书,不少写书者俨然以传道授业的姿态指导读者学会做生意,其实自己不见得是行家里手。读了这些书就会做生意?这非常令人怀疑。《至善之路》的中文译名和原文的含义略有出入。书名原文是一个英语中的习惯用语,其含义是“至今尚可”,言者对于未来的口气是留有余地的,体现了其不矜不伐的态度。而中文译名则更多地突出了主人公达到极致的自信。译者自有其决定权,我们不妨就按中文版译名的含义来理解这位美国金融界的泰斗。罗伊·纽伯格是终生奋战于资本主义环境里的投资者,纵观其对社会的贡献和回报,可以说是出淤泥而不染。如果我们不把他当作股市的弄潮儿,跳出圈子,从另外一个角度来读这部书,来理解他的人生,也许收获会更大。

**金立群**

亚洲基础设施投资银行行长

2021年5月

# 中译本序二

若干年前，罗伊·R. 纽伯格的 *So Far So Good* 一书的中文第一版甫一发行，我就立刻拜读，爱不释手。这次非常荣幸受邀为本书第二版作序。

罗伊·R. 纽伯格是投资界极其成功的前辈。他 1939 年创办的路博迈公司如今管理资产规模超过 4 000 亿美元，作为一家已有 80 多年历史的老牌华尔街投资机构，长期业绩斐然；公司股权 100%由员工控股，有超 500 位员工持股，持有股权员工占 20%，这个结构和睿远基金非常类似；公司始终贯彻的合伙人文化将资源和力量集中于核心的投资管理事业上，并鼓励员工与客户共同参与投资公司的产品与策略，与客户利益保持一致，实现投资管理业务长久共赢的局面，这也和睿远基金将客户长期利益最大化当作信仰来坚守的理念不谋而合。

罗伊·纽伯格被誉为“美国共同基金之父”“合股基金的开路先锋”。他1903年出生于美国,1929年进入华尔街,2010年离世,活到了107岁,跨越一个世纪。在长达68年的投资生涯中,罗伊·纽伯格一共经历了26次熊市,包括1929年美国经济大萧条和1987年美国股市大崩溃,却没有一年赔过钱,可谓令人称叹。

作为“世纪长寿投资大师”,罗伊·纽伯格的传奇经历影响了无数人,如今活跃在华尔街的投资者大部分都自称为罗伊·纽伯格的信徒,例如吉姆·罗杰斯就将罗伊·纽伯格尊为“启迪心智的导师”,他曾这样评价纽伯格:“多年来,他一直在教我那些我自己并不知道我不知道的东西。”

罗伊·纽伯格成功投资的十大原则到现在为止依然生动:(1)了解自己;(2)向成功投资者学习;(3)“羊市思维”;(4)坚持长线思维;(5)及时进退;(6)认真研究公司;(7)不要陷入情网;(8)投资多元化;(9)观察周围环境;(10)不要墨守成规。

罗伊·纽伯格丰富的人生经历,除了投资和资产管理公司发展,对我们触动更大的还有对金钱的态度和人生的意义,比如,他早年进入华尔街的初衷是为了艺术,为了帮助那些穷困潦倒的艺术家。赚钱只是方式,而非目的。过去40年,中国经济高速发展,居民和社会财富不断累积,要思考如何推动社会的技术创新进步,这应该成为良善资本的初心。投入资本为社会创造价值之后获得回报,并将这些回报通过公益慈善方式回馈社会,让社会变得更加美好是目的,著名企业家曹德旺是榜样。

此为序。

**陈光明**

睿远基金创始人

2021年5月9日于上海

# 译者序

罗伊·R.纽伯格这个名字，代表了许多令人肃然起敬的形象。他首先是华尔街上成功的金融投资家。他于1929年股市大恐慌之前七个月入驻华尔街，卖空美国无线电股票，开创性地使用套期保值策略，从而使自己的资金在大恐慌中保值，由此奠定他此后在华尔街的不败地位。纽伯格同时又是头脑机敏的成功商人。他于1939年与罗伯特·伯曼一起，成功创建路博迈(Neuberger & Berman)投资公司，该公司此后盈利丰厚。如今，该公司管理的资金高达500亿美元。他创立了无佣金共同基金——护卫基金，被称为“美国共同基金之父”。纽伯格还是一位令人尊重的社会慈善家、一位艺术捐赠家，他把平生绝大部分私人艺术收藏都无偿地捐赠给了大大小小的博物馆和艺术院校。

纽伯格生于1903年，这位与世纪同行的老人，在1997年他94岁的时候，以第一人称自述的形式，写下了这本书，与世人分享他传奇又辉煌的头94年。2008年译本出版时，10年又过去了，纽伯格已经104岁*，依然健朗，依旧在展望未来：“对我而言，生命还是一场巨大的冒险。”纽伯格幼年丧父，早年是不幸的，但从结果来看，他的一生是非常幸福的。他既有一份令人热血沸腾的事业，又有一个

---

* 罗伊·纽伯格(1903.7.21—2010.12.24)于2010年12月24日在纽约家中去世，享年107岁。

幸福的大家庭——儿孙满堂,八个曾孙也绕膝了。他的一生，既是一部华尔街的金融史，又是一部美国社会文化发展史。他经历了两次世界大战，20 世纪 20 年代游历了文化大爆炸时期的欧洲,目睹并辅助了美国的艺术文化发展。他经历了华尔街股市的无数跌宕起伏、风雨雷电,是唯一一个尚健在的、同时经历了 1929 年华尔街股市大恐慌及 1987 年大崩盘的见证人。无论是金融风暴还是战争,他都毫发无损,一路潇洒稳健地走了过来,不仅未受冲击，其事业反而更加蓬勃发展。在本书中,他毫无保留地与读者分享了他的成功投资十大原则,同时又把我们带入他所收藏的艺术世界。

目前,中国内地的图书市场上,关于具体投资技术和战略战术的书似乎已经不少了，但能让读者纵览金融家神秘而惊险的一生的图书似乎还不多见。投资金融业是一生的事业,不只是一个或短期或长期的炒卖行为,从这个意义上来说，本书尤其适合那些准备将炒股投资当成一生事业的人来阅读——无论你是业余的还是专业的投资人士，如果你此生都希望与股市结缘的话,那么这是再好不过的一本书了。尤其是,如果你刚好身处在一个变革动荡的股市里,上下求索而不得解时，读此书，你会找到一个方向,很多时候，茅塞顿开、豁然开朗。罗伊 · R. 纽伯格这位世纪老人撰写这本回忆录时,那种“回首向来萧瑟处,也无风雨也无晴”的淡定自若与处乱不惊,值得我们每一个人——不仅是股民——学习和借鉴。

纽伯格虽然身为金融家，却更钟情于文化事业。本书中记述了他所购买的许多 20 世纪欧美著名艺术家的作品,尤其是美国画家与雕塑家的作品,以及与他们(如米尔顿 · 艾维利)之间的友谊。喜欢收藏的人士定会从中大受裨益。

翻译这本伟大的、金融家的书，就仿佛与这位伟人在倾心交谈。纽伯格很享受挣钱的过程。本书中，他会坦诚地告诉你他是如何管理旗下基金,以及是如何在市场中盈利的。纽伯格的"认识自己""研究高手""适时进出""审时度势"等十大成功原则，是后来的投资者置身于股市中永恒的指南针。

除了令人称道的成功经验外,这位金融大家还有许多令人景仰和学习的地方。

首先是纽伯格对于成功、金钱和财富的价值观。纽伯格生来不缺钱，所以"金钱本身从来没有真正让我产生兴趣"。他不是为了赚钱而赚钱的。纽伯格投资赚钱的原动力是文化艺术。他原本可以靠父亲的遗产拿银行的利息而过小康生活，但一本《梵高传》改变了他的一生。书中梵高贫困孤寂的悲惨遭遇使他决心赚大钱来支持那些活着的艺术家。于是他进入华尔街去赚钱。在他眼里，钱只是副产品,他用钱去购买艺术品,然后又无偿地转让给社会。纳尔逊·洛克菲勒以他的名字命名修建了一座美术馆,即纽伯格美术馆,仅这座馆里就有 850 件来自他的收藏。纽伯格说,真正的财富是健康和伟大的艺术。值得注意的是,纽伯格认为投资也是一门艺术,投资工作是一种乐趣，他享受的是一种挑战的过程，一个刺激的过程。

纽伯格对财富和成功的看法还在于,他认为金钱不是财富的全部,成功也不等同于有钱、有名、有身份、有地位。他的财富包括家庭和事业两部分。他的成功包括爱情的成功,子女的成功,还有与朋友交往的成功(例如,与洛克菲勒家族及各大博物馆馆长的友谊等)。他的成功涉及方方面面。从一开始，他就说:"我的完美的大家庭增添了我的宝贵财富。"到尾声,他又强调:"生活待我不薄，我有一个美满的大家庭，又有一份令人激动的事业。"细心的读者是否发现，纽伯格把美满的大家庭放在事业前面，可见，在这位从小失去双亲的金融家心里，一个美满的家庭比一份轰轰烈烈的事业更加重要。纽伯格的创业成功史，既有继承，又有创新和开拓。

在继承上,首先，他似乎是站在前人和父辈的肩膀上的。他继承了父亲一笔不小的遗产，光靠 6%的年利息就可以悠然自得地过上衣食无忧的生活。“可以不工作就坐头等舱去旅行。”他借助父亲的遗产，才可以徜徉巴黎、游历欧洲。其次,罗伊从欧洲回来想要进入华尔街，他第一个想到的就是找父亲的老朋友们。正是借助他父亲生前一位好友的帮助,他才被引荐到哈里—史蒂格里兹公司。在该公司，他十年磨一剑,积累了许多经验,从而为自己以后开办公司闯天下，奠定了坚实的基础。

但纽伯格的成功，又远远不是停留在父辈的财富上的。他敏锐的洞察力和直觉，似乎是天生的。“我一直有识别人优点的能力，这一点在我一生的生活和工作中无比重要。”他亲自为他钟爱的姐姐选了一位可靠的姐夫,阿隆·波特。又如,1958 年美国电话电报公司无溢价发行的时候，他凭直觉认为这是千载难逢的机会,结果以少有的大规模买进,大赚一笔。他的这种直觉更多时候是以深入细致的调查研究为支撑的。例如,他认为收取 8.5%的高额佣金不对,然后经过调查研究,得出结论，高额佣金不过是基金销售者的贪婪，于是他创建了无佣金共同基金,结果非常成功。

纽伯格能近一个世纪处于不败之地还有一个原因，即他对新技术的积极态度。他对新技术持开放和接纳的态度。这种态度使他多次幸运地把握了时机。计算机诞生早期还是一个庞然大物,有许多缺点,维护起来很不方便,花钱又费力。但他在路博迈公司率先使用计算机。纽伯格看到,即使那样,计算机还是比人力快。最后,“这台计算机帮助我们在华尔街生存下来并渡过难关”。在 20 世纪 70 年代,许多大大小小的公司都纷纷倒闭了,但路博迈公司却生存了下来，并且生意兴隆。虽然罗伊谦逊地把这一切都归功于他的合伙人,但读者都能体会到,那绝对是他自己作为公司决策人的明智。他能预感到“科技使金融业产生革命”。

“把目光放得长远一些。”这既是纽伯格投资上的忠告，也是他面对科技革命时的处世法则。

纽伯格没有上完大学，没有炙手可热的工商管理硕士(MBA)文凭，他中途就从纽约大学退学了。但是，他一生都没有停止学习。他从每一个人身上都能学到一些东西。他在巴黎学习艺术，在阿尔特曼百货公司学习生意经，在哈里—史蒂格里兹公司钻研投资，后来又回到大学去研究经济学，等等。

在资本主义社会里，大资本家似乎都与大政治家联系在一起。纽伯格虽然与洛克菲勒家族，尤其是与纳尔逊·洛克菲勒友谊深厚，甚至曾帮助纳尔逊筹款竞选总统，但他似乎整体上对政治并不感兴趣。书的最后一章可以看作是纽伯格的政治观，他在评论政府职能和评点总统时，更多的是一种超然，尤其更偏向于对政客们人格的评论。

这是一本金融家的自传，似乎属于金融类书籍，但我更多的时候是在按文学书籍样式来翻译它，在许多地方力求其完整再现，争取不省略，作为严格意义上的翻译。翻译是一件苦差事，一字一句地斟酌与梳理，如同农夫在田里一锄一锄地耕种。唯一不同的是翻译用纸笔，而农夫用锄头。如今这些文字能摆在桌面上了，愿读者能体会到这一路上的呕心沥血。但是，翻译又是一门令人遗憾的艺术，无论译者如何努力，免不了，多多少少，还会有一些缺失和遗憾。这一点，敬请读者谅解。

非常感谢上海财经大学出版社总编辑黄磊先生给我这个机会翻译这位大金融家的自传，并且在全书的把握上给予许多指导。全书最后一部分翻译定稿是在上海完成的。三伏天的上海，酷热难当，感谢弟弟维军、弟媳谭莹的支持，让我在空调书房里得以安宁翻译及核对。非常感谢母亲每日可口的饭菜。因为我的惰性,推迟了译书进程 ,原本是回家省亲的,却没有给母亲好好做上几顿饭吃,无比内疚。最要感谢的还有我的女儿潇潇, 她每日盼着妈妈早日完稿, 静静地在客厅里看书写字,陪伴着我。对于一个 7 岁的孩子,那一定是一个孤寂的夏天。书稿交付的时候, 她是最高兴的一个:"Well-done! Mummy 终于可以带我出去玩了!"

**王维群**

2008 年 1 月于英国诺丁汉

# 序

几十年前,我正在做我的第一个电视节目,一个黄金时段(Prime-time)播出的有关华尔街的特别节目。我们现场拍摄,争分夺秒地记录一种债券发行时的竞标场面。我们的镜头跟随一位早期当红富达集团经理——盖利·蔡(Gerry Tsai),因为他建立了他自己的基金。然后,我们遇到一些出乎意料的事—— 一位精力充沛的华尔街主管,非常热爱自己的工作,但他的激情却显然在别处:艺术。“我在20世纪发现了艺术,”罗伊·纽伯格(Roy Neuberger)告诉我们,“我知道我想要收藏艺术。我认为天才艺术家挨饿、梵高(Van Gogh)生前卖不出他的画,都是非常不公平的。我想要买那些活着的艺术家们的作品。但是,我到哪里去弄那些钱呢?我问自己,钱在哪里?答案是:华尔街。”

那个节目的导演对罗伊·纽伯格拍个不停,他说罗伊在镜头前感觉很好。正是对罗伊的采访给了我们灵感,给节目取名为——“华尔街,有钱的地方”。时至今日,再回放那些黑白的录像,你依然会被这个家伙迷住。他跟你聊金融,但其真正的意图是要展示他收藏的画。罗伊肯定是找到了钱在哪里。他乐于挣钱,乐于花钱,并乐于以艺术的形式捐钱。他的传奇在纽伯格博物馆(Neuberger Museum)及他的收藏中可见一斑。

罗伊在94岁高龄时依然坚持工作。1903年,他出生的时候,正如他自己所说,老罗斯福(Teddy Roosevelt)还是美国总统,怀特兄弟(White Brothers)还没有试飞,是马车载他父亲上下班。这多少会让你了解一些当时的社会背景。罗伊二十多岁的时候在巴黎生活,当时巴黎的艺术氛围很活跃。他及时回到华尔街,赶上牛市的狂热,目睹了 1929 年的股市大崩盘。他从中幸存下来是因为,虽然他持有一些股票,但他却短线抛售了美国无线电的股票(RCA)。“无线电”是当时的绩优股。他在其下跌前抛出,弥补了其他股票上的损失。这是他初次以套期保值的方式来避险。直到今天,他依旧这么做,这成为他在风浪中的安全锚。[沃伦·巴菲特(Warren Buffett)请注意了:现在罗伊抛空的是可口可乐——是你最钟爱的股票之一——巴菲特持有 7%的可口可乐股票。]罗伊成为共同基金(Mutual Fund)产业的先驱者。他也并不掩饰他成功投资的十大原则宝典。他把 20 世纪 90 年代的股市既不称为牛市也不称为熊市,而冠之以羊市。在介绍其公司成员一些行为活动后,他会告诉你为何“百分之十原则”(10 Percent Rule)会为你省钱。

罗伊把他在华尔街赚的钱投入到了艺术上。他遇到了与之同时代的许多杰出艺术家,并进行了可观的收藏。纳尔逊·洛克菲勒(Nelson Rockefeller)担任纽约州州长的时候,曾是一位令人生畏的人物。他会满脸堆笑,拽住你的手和胳膊,告诉你应该按他的想法去做。洛克菲勒在他的豪宅里与罗伊共进午餐时说,他想要从罗伊那儿得到的就是他的艺术收藏。“你把你收藏的艺术品给我,”洛克菲勒说,“我会为你建一座美术馆。”[在这里,“我”指的是纽约州,更确切地说是纽约州立大学珀切斯学院(Purchase College)。洛克菲勒常常把他自己与纽约州混为一谈。]这些艺术收藏是罗伊去艺术家的家里一件件搜罗过来的,要他决定与这些辛辛苦苦收集起来的艺术品分开不是一件容易的事。于是罗伊没有当场接受洛克菲勒的提议。但是他还是捐出了那些收藏。洛克菲勒——或者是纽约州——后来确实盖了一座美术馆。因此,现在公众才可以分享这些经验和财富。

罗伊从来没有从大学毕业过,更没有上过商学院。那么他是如何成功的呢?“我坚信,”他说,“我的成功来自我对生活的好奇。买卖证券需要许多直觉,这种本领是只有不断在生活中实践才能学会的。在巴黎,以及从那以后,我一直在坚持学习。我研究人,研究生活,我观察,我倾听,我阅读。我从不会觉得学习是浪费时间。”

最近,罗伊作为嘉宾出席了某老年医学者协会的年会。该协会是研究我们人如何衰老及怎样衰老的。罗伊已经年届 93 岁高龄,却依然在工作,并且依旧乐在其中。一位科学家曾经问罗伊,是否愿意被针扎一下,捐献一点血作为研究的样本。罗伊应邀到麦克风前,做了如何防止衰老的发言。罗伊一开始坐在我桌边,该协会前任主席立即拿出纸笔开始记录。

罗伊说运动很重要。在他年轻的时候,他曾打过竞技性很强的网球。甚至今天,他还在私人教练的指导下,每周运动三次,并且经常在公园里散步。科学家们全都频频点头称是。“我依旧对股市很感兴趣,”他继续说,“当你 93 岁的时候,网球打不动了,但是股市还在。你还可以炒股。”这真让听众热血沸腾。

但最重要的是,罗伊说:“我依旧有好奇心,我想知道事情为何会发生。所以我依然热爱每一天。因为我想看下一步会发生什么,我知道我会学到新东西。”

这席话让听众不禁起身鼓掌。

**亚当·史密斯(Adam Smith)**
1996 年 10 月

# 前言

有些人在不断追寻巨额财富中虚度了一生。金钱作为一种商品,并没有健康重要,当然它也没有伟大的艺术重要。

金钱本身从来没有真正让我产生兴趣。我事业和生活的驱动力是交易这门艺术以及我对艺术的支持。当然,钱作为交易的副产品,使我能购买许多伟大的艺术品,从而支持文化。

当我 1929 年初进入华尔街时,我的第一份工作就是管理我自己的一个小型投资组合。不久以后,我走上了管理别人的投资组合的道路。短短几年后,我的事业就超越了我能想象的程度。今天,我的投资经纪公司——路博迈*公司 (Neuberger & Berman)——管理着约 500 亿美元的资金。

对我而言,华尔街是一个精彩的地方。我在 1929 年股市大恐慌(Stock Market Panic of 1929)之前到达华尔街,并且做得不错。我从 1929 年学到的知识极大地帮助了我渡过 1987 年股市崩盘的难关,也为我顺利度过 20 世纪 90 年代震荡的股市(Erratic Market)做好了准备。我可能是唯一同时经历了 1929 年和 1987 年两次股市大恐慌之后仍然活跃在华尔街的人——而且我两次都没有闪失。

我一直很幸运地把握了时机——在 20 世纪 20 年代中叶,巴黎

---

* 2017 年 11 月 9 日,路博迈投资管理咨询(上海)有限公司正式在中国证券投资基金业协会登记备案。原译“纽伯格－伯曼公司”现按该公司官方中译名统改为:路博迈公司。

处于文化大爆炸的时候,我作为一个美国人来到巴黎。我读起书来废寝忘食,当我读到弗罗里特·费尔斯(Floret Fels)写的著名传记《梵高传》(*Vincent Van Gogh* )时,我了解到梵高生前居然只卖出过一幅作品。他孤独地死去,如同一个不幸的乞丐。我还惊奇地发现,许多伟大的艺术家生前一直被生活不公正地对待。于是我立下终生宏愿,要竭尽全力,支持那些活着的艺术家们。

罗伊·R. 纽伯格(由 Peter Fink 拍摄)

我认为,我非常幸运能购买许多杰出艺术家的早期作品,如美国抽象表现主义的先驱杰克逊·波洛克(Jackson Pollock),抽象派画家威勒姆·德·库宁(Willem de Kooning)和米尔顿·艾维利(Milton Avery),风景画家马克思·韦伯(Max Weber),抽象表现主义之父汉斯·霍夫曼(Hans Hofmann)等画家和雕塑家的作品。再也没有什么比我发现一位能创作出让我心动的作品的新艺术家,而我又能帮助他的事业发展这种更让我高兴的事了。

过去的岁月里,我把我收藏的大部分画和雕刻艺术品都捐给了全国各地的美术馆及美术机构。我希望那些看到这些作品的人能像我一样去欣赏它们。其中有些作品陈列在纽约州威斯特彻斯特县(Westchester County)的纽伯格美术馆(Neuberger Museum of Art)里。这座美术馆是在我的朋友纳尔逊·洛克菲勒的鼓励下建成的。纽伯格美术馆现在有 6 000 多件艺术品,其中有 850 件来自我的收藏。

当我对绘画产生强烈兴趣的时候,我还是一个年轻小伙子。最初让我走进华尔街的是一种赚钱的渴望,以便我能购买伟大的作品来支持艺术家们的事业。但我未料到的是,在华尔街从事股票交易工作本身居然是令人着迷的艺术——我几乎马上就适应了。

我现在 94 岁了(注:这是 1997 年本书英文原版出版时的年龄——译者注)。我还记得曾经是怎样憎恨我第 50 个生日的,当时觉得自己都年过半百了!我那时比我现在还衰老。我现在依然每天去路博迈公司上班。对我而言,工作即是玩耍。我对华尔街上的交易非常感兴趣,我发现这令我无比兴奋、无比振奋。

虽然我没有大学文凭,也没有工商管理硕士学位(MBA),但我一直在坚持学习。我特别喜爱与人交往,我从遇到的每个人身上都能学到些东西。

我完美的家庭增添了我的宝贵财富。你也会很快猜测到为什么我这 94 年来如此充实。当然,我的一生中并非没有痛苦或不幸。然而对我来说,生活是,并将继续是,一次巨大的历险。

我依然享受挣钱。在这本书里,我会告诉你我是如何挣到钱的。我希望你也会挣够你需要的钱,并花在那些让你高兴或者能帮助别人的事情上。我发现,这才是生活真正的乐趣所在。

**罗伊·R. 纽伯格**
(Roy R. Neuberger)
1997 年 8 月

# 目　录


**中译本序一**/ⅰ

**中译本序二**/ⅴ

**译者序**/ⅶ

**序**/ⅹⅲ

**前言**/ⅹⅶ

**第一章　快乐的源泉**/001

生命之初/003

移居纽约/007

我的家庭/008

接受教育及迷恋网球/011

在阿尔特曼百货公司的生意及艺术/014

**第二章　20 世纪 20 年代的巴黎**/019

漫游癖的开端/021

重返巴黎/023

双偶咖啡屋/026

在戛纳的网球联赛/028

巴黎的艺术/029
柏林和维也纳/031
文森特·梵高/032

**第三章　从巴黎到华尔街:1929 年大恐慌**/035
哈里—史蒂格里兹公司/037
管理我自己的资金/038
用无线电公司股票套期保值/039
大恐慌/041

**第四章　大恐慌之后**/045
对比 1929 年和 1987 年/047
来自大恐慌的教训/048
理查德·惠特尼与百分之十原则/049
自杀与恐慌/051

**第五章　在困难时期赚钱**/053
管理他人资金/055
20 世纪 30 年代的交易/055
客户源源不断/058
在哈里—史蒂格里兹公司十年磨一剑/059

**第六章　建立家庭**/061
追求优雅的玛丽·萨兰特/063
新婚燕尔/064
玛丽的家庭/067

下一代出生/069

第七章　创立路博迈公司/073

第二次世界大战/075

公司开业/077

罗伯特·伯曼/079

我们的合伙人/081

计算机问世/084

经济学/086

华尔街传奇/087

第八章　护卫:共同基金问世/089

共同基金的起源/091

护卫共同基金的开端/092

今日的护卫基金/094

护卫基金的投资哲学/095

盈利颇丰/096

护卫基金公司董事会/099

T. 罗威·普莱斯/101

封闭型投资信托公司/102

为小额投资人服务/103

第九章　艺术收藏之花盛开/105

实现梦想/107

邓肯·菲力普斯的影响/108

开始我的收藏/109

收藏米尔顿·艾维利/111
从收藏到捐赠/114
惠特尼美术馆/116
美国艺术联盟/117
大都会博物馆/121
霍温时代/123
大都会荣誉理事/126
艺术的钟摆/127
我未来的美术馆/128

**第十章　创建纽伯格美术馆**/129
神秘的报价/131
会晤洛克菲勒/131
艺术收藏家约瑟夫·希尔施科恩/134
我给洛克菲勒的答复/135
政治家洛克菲勒/136
修建美术馆/138
美术馆开馆/139
珀切斯学院基金会/141
筹集美术馆资金/142
著名的洛克菲勒家族/144
明智的投资/146

**第十一章　成功投资十大原则**/147
原则之一:认识自己/150
原则之二:研究高手/152

原则之三:警惕羊市/159
原则之四:放远目光/161
原则之五:适时进出/163
原则之六:研析企业/166
原则之七:不要迷恋/169
原则之八:投资多元化/170
原则之九:审时度势/172
原则之十:不要墨守成规/174

**第十二章　94 岁时的反思**/177
未来谁主沉浮/179
纽伯格基金会/180
运动与长寿/184
道德文化/187
政府职能/188
评点总统/191
经济决定大选/193
战争的影响/194
开卷有益/196

**后记**/199

**关于康纳布尔夫妇**/203

# 第一章

# 快乐的源泉

从我纽约寓所的窗户向外望去，中央公园的树林下，一辆优雅的白色四轮马车正蜿蜒前进，经过溜冰场，驶出公园，进入第五大道*，车上坐着一对20世纪90年代的年轻人。这一幕把我带回到另一个时间和空间——当马车是载我父亲上下班工具的时候。

我在这个曾与妻子玛丽(Marie)共同生活了65年的家里，望着这个辉煌的城市。在我94年生命中，有88年是在这个城市中度过的。

透过窗户，向北望去，是哥伦比亚大学校区，在那里我度过了我的大部分童年时光。往南方向沿着第五大道下去，数25个街区，耸立着一栋古老的尖顶的建筑，那里曾是阿尔特曼(B. Altman)百货商店。就在阿尔特曼百货商店，我初次踏入商业和贸易行业，并且开始进入迷人的艺术世界。

再下去就是华尔街。在那里我找到了终身为之奋斗的事业。

好像幸运一直伴随着我到所有这些地方，并一直跟随我到生命的每个阶段。我是少数几个幸运儿，快乐自生而来。

## 生命之初

1903年7月21日，我降生了。当时老罗斯福是总统，怀特兄弟正准备着他们的历史性飞行，汽车正进行着首次穿越美国之行(从旧金山到纽约)。

我父亲给他的亲戚朋友致电，报告我出生的喜讯：

皆大欢喜(All is Joy)

是个公子(It is a Boy)

---

* 本书2021年中文版将纽约街道名称做了修订，南北向的街道一般译为大道(Avenue)，东西向的街道一般译为大街(Street)。

*取名罗伊*(His name is Roy)

谁能比这更好地向世界介绍我呢?

在许多方面,父亲都有先见之明。时至今日,我依然充满快乐,在学习、生活的每个方面都持有健康心态,没有顾虑。

我的父亲,路易·纽伯格(Louis Neuberger),生于靠近法国的一个(原西德)边境小城凯泽斯劳滕(Kaiserslautern)。父亲年幼时来到美国,那时美国还是南北战争(Civil War)时代,当我出生的时候,他已经52岁了。虽然我们之间有着那个时代典型的父子之间的代沟,但我记得还是非常喜欢他的。我记忆中他是一个旧式的慈祥老人,他主要的兴趣就是做生意。他早期足迹遍布美国中西部。至于这个从原西德出发的犹太人是如何到那里的,我就毫不知情了。

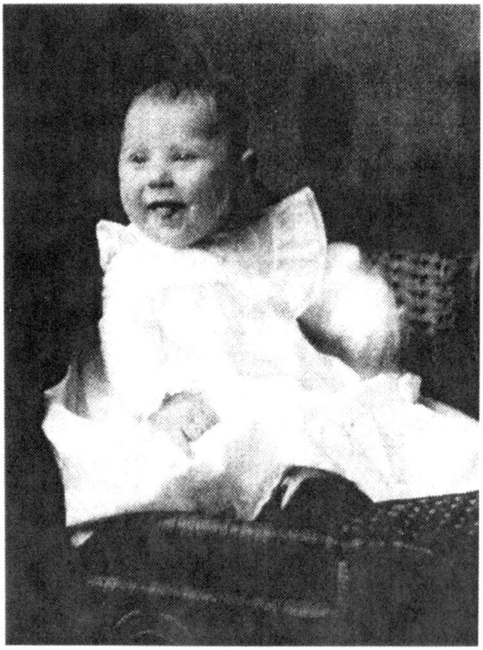

生于康涅狄格州桥港市,罗伊3个月大时(由康涅狄格州桥港市Haley拍摄)

1903 年，罗伊母亲的大家庭罗思柴尔德家族。罗伊的母亲蓓塔·罗思柴尔德·纽伯格那时正怀着罗伊，站在最右边

我的母亲叫蓓塔·罗思柴尔德·纽伯格(Bertha Rothschild Neuberger)。她是一个神经质的妇人，不断被麻烦困扰。她来自一个相当殷实的犹太大家庭，但跟欧洲著名的银行世家罗思柴尔德家族(Rothschilds Family)并无血缘关系。虽然她出生于芝加哥，但她的家庭最初是从巴尔的摩(Baltimore)来的。她有 5 个姊妹和 2 个兄弟。我存有一张摄于 1903 年的照片，是他们 8 个兄弟姊妹和他们的母亲(我的外婆)的合影。照片里他们都穿戴体面，就是那时正规标准照里的着装。

我父母于 1889 年结婚，婚礼地点选在著名的芝加哥旗舰俱乐部(Standard Club in Chicago)。我的哥哥莱斯利(Leslie)次年出生于密歇根州的休伦港(Port Huron)。此后一年半，我姐姐露丝(Ruth)出生，她生于密歇根半岛(Michigan's Upper Peninsula)的马奎特(Marquette)。马奎特位于苏必利尔湖畔(Lake Superior)，我父亲在那里有一家小型的服装专卖店，如同微型的纽约布鲁克斯兄弟店(Brooks Brothers)。

采铜是密歇根州当地的一个主要产业。父亲在铜业上有投资。当1916年父亲去世时，我除了继承3万美元有价证券外，还继承了数千股巴特公司(Butte)和伦敦铜业发展公司的股票。

我对艺术的兴趣可能来源于基因：我母亲是一个执着的音乐爱好者。她痴迷于音乐会，她喜爱弹钢琴，每天都坚持练琴，直到1912年去世。我常听人说，她弹得可以与专业钢琴家媲美。大约在我出生的时候，一位德国作曲家专门献给她一首曲子，叫"雪花"(Schneeflocke)。这首曲子后来被用作教材编入练习曲，用来教成千上万名钢琴学生。

1914年6月，罗伊10岁

我办公室的墙上挂着一幅精美的油画，画的是我出生的地方——康涅狄格州(Connecticut )古老的桥港市(Bridgeport)，也是我们在马奎特之后的家的所在地。画中在市中心的建筑群里有一栋是康涅狄格布扣公司(Connecticut Web and Buckle Company)的工厂。我父亲在这家生意兴隆的制造公司里拥有一半的所有权,这使他成为桥港市的精英之一,在当地颇有名望。他在股票市场里投资也颇有建树——赚多赔少,但偶尔也有例外,我听说有一天,他一下子损失了 25 万美元——这在那个时候是一个天文数字。我猜那件事发生在 1907 年北太平洋恐慌的时候。

几年前,我的儿子罗伊(Roy)想去看我出生时的房子。于是我们回了一趟桥港市。在 20 世纪初,我们在贵族大道(Noble Avenue)1005 号的房子还位于朝伯得斯利公园(Beardsley Park)方向的郊区,而今天,它周围已建成了很多街区,我记忆中的乡村路如今两边都建满了房子。我出生的房子不再位于乡村,而是位于市区了,但它依然是六间卧室的房子,坐落于半英亩地中。马路上行驶的不再是有轨电车,父亲很少坐它。我在桥港市生活到了 6 岁,很清楚地记得父亲是坐马车上下班的,他坐在马车夫的旁边,马车由两匹马牵引着。

我还记得一家人在长岛海湾游泳的情形。长岛海湾在佩卡卡堡滩(Fort Trumbull Beach)和绿场(Greens Farm)之间,我们家的小狗金金和银银跟在我们后面。我还记得 1909 年我们搬到纽约前夕,在卡鲁梅(Calumet)俱乐部为我父亲举办的送别会。我当时太小,还不能参加这类聚会,但我留有当时的菜单。我父亲把这份菜单作为一种纪念;我把它保存下来是想知道为什么那时很少有人活到超过 60 岁。宴会以马丁尼酒开始,以坚果结束,中间上的是汤、鱼、肉、色拉和许多其他菜品。

## 移居纽约

当 1909 年我们举家从桥港市搬到纽约市的时候,我才 6 岁。我们搬到克莱蒙特大道(Claremont Avenue)25号一间宽敞的公寓里,正对巴纳德学院(Barnard College)。现在这栋建筑属于哥伦比亚大学,看上去依旧很好看。纽约著名百货公司博威特连锁店(Bonwit Teller)的泰勒(Teller)夫人是我们在克莱蒙特大道上这栋建筑的邻居。有一次她要穿晚礼服出门,需要人帮她系后背扣子(我记得是系她的紧身胸衣)。当时我父母都不在,于是我就帮她扣上了。这件事在我童年的记忆中永不磨灭。

我们搬到纽约是因为我父亲想让他的孩子们,尤其是我姐姐露丝会有比在桥港市更好的社交圈子。另外,他也想让我妈妈的文化生活更丰富些。我们住在康涅狄格州的时候,她总是要到纽约市来听音乐会或看歌剧。

对我父亲而言,这次迁移意味着减少他潜在的收入。他很明白这一点,他说他宁愿在纽约做“凤尾”,也不愿在一个小地方做“鸡头”。

## 我的家庭

我从来没有机会去真正地了解过我的父母,但我很幸运地继承了他们两个人重要的资质和兴趣爱好。我母亲总是忧心忡忡,沉浸在她的音乐里,而我父亲则是一个冒险家。我钟情于艺术,但也有冒险的精神。这点可以肯定。照片上我和父亲长得很相像。父亲对股市的特殊兴趣遗传到我身上。他是一个投机者:他“玩”股市,并坚持不让他的孩子像他那样“玩”股市——偏偏我就以炒股为业。即使年轻的时候,我也隐隐地意识到我母亲患有心理疾病。如果是在今天,她可能会接受常规治疗,吃一些抗抑郁症的药之类的。我父亲很善良,但比母亲年纪大很多,而且常忙于生意上的事。因为我母亲情绪的问题,我被送去科胡特学校(Kohut School)上学。科胡特学校是布朗克斯河谷区的一所环境优美的寄宿学校,在哈德逊河畔(Hudson River)。学校位于乡村,远离曼哈顿(Manhattan)市区,四周环绕着一片乡间田野和山丘。今天,那一带挤满了高楼大厦,这使我无限伤感。

罗伊最爱戴的姐姐露丝和姐夫阿隆·波特于 20 世纪 20 年代在新泽西州亚特兰大市

1912 年,当我还是一名河谷区的 9 岁小学生的时候,我母亲去世了。我只在最近才发现,母亲是自杀的。我父亲四年后即 1916 年也去世了。那几年真的很悲伤。我们那时一直住在西 112 大街 611 号,靠近河畔大道(Riverside Drive)。我上的小学位于百老汇大道和阿姆斯特丹大道之间的西 109 大街 165 号。父亲去世后,我与姐姐露丝住在西 114 大街,正对哥伦比亚大学的南校区。姐姐露丝比我年长 12 岁,是我们家里我最亲近的成员。

一年夏天,我在野营时,露丝来看望我。与此同时一个营友的叔叔开着车来探望他——那时有车是一件不寻常的事。我的朋友和他这个叫阿隆·波特(Aaron Potter)的叔叔邀请我们上车兜风。我一直有欣赏别人优点的能力,这一点在我一生的生活和工作中无比重要。我马上就喜欢上阿隆这个人了,我说:“露丝,这个男人很适合你。”

阿隆生于1880年,比我年长23岁。他是一个高尚、善良、聪明的人,他人品极好,后来和我成为最亲密的朋友。他开了一家生产镜片的公司,即波特—史莱肯伯格公司(Potter and Schnakenberg)。这之前,他在一家生产漂亮的温度计和照相机的公司上班。西奥多·罗斯福(Theodore Roosevelt)总统和威廉·霍华德·塔夫脱(William Howard Taft)总统都曾是他们的顾客。

露丝采纳了我的建议,于1919年与阿隆·波特结婚。阿隆是一家之主,是家里的家长和主心骨,每个人都要来征求他的意见。我非常敬重他。在我20岁去巴黎之前,与阿隆和露丝一起生活得非常愉快。

阿隆1949年去世,享年不到70岁。我姐姐露丝一直活到了92岁。我们三个人一生中都关系亲密,我深深地怀念我们共同度过的美好时光。我现在依然同他们的儿子即我的外甥威廉·波特(William Potter)很亲近。威廉是纽约证券交易所的成员,现在在路博迈公司上班。

我同哥哥莱斯利的关系从来没有像同姐姐露丝一样好过。哥哥比我大很多,是一个很保守的共和党人。早年的时候,我们因各自政见不同而相当疏远。

今天,我是一个无党派人士。但是在我13岁的时候,我曾自豪地宣称自己是民主党人,在1916年总统大选时支持伍德罗·威尔逊总统(President Woodrow Wilson)。那年总统大选有两个非常强劲的对手对峙,即威尔逊总统与美国前最高法院的法官查尔斯·伊万斯·休斯(Charles Evans Hughes)。

大选投票结束后的第二天早上,莱斯利和我正吃早餐的时候,我家订的《纽约时报》(*New York Times*)送来了。该报在头版头条宣布休斯赢得了大选。莱斯利非常兴奋。虽然我希望是威尔逊赢,但我也很钦佩休斯的睿智才华。于是我平静地接受了这个结果。

第二天早上,还是莱斯利和我正吃早餐的时候,报纸又送来了。但是里面的新闻全是关于从加州(California)来的大选后期结果,这个结果改变了整个选举结果。结果威尔逊赢得了大选,连任了美国总统。莱斯利气急败坏,他仿佛是在责备我,好像是我在旦夕之间改变了整个大选结果。我觉得他从来没有原谅我支持威尔逊总统的连任。

莱斯利结婚后,住在西 110 大街的一所公寓里。那条街在百老汇东边靠近晨边大道(Morningside Drive),后来他又移居威斯特彻斯特县。很长时间以来,他管理父亲留下的一家早期广告公司——大众时钟公司(Publicity Clock Company),并挣了不少钱,日子过得很富裕。该公司专门在电影院的时钟上做广告。那种广告媒体在当时的历史环境下,注定要赚钱:所有的影院、剧院都有一些钟,在黑暗中被灯照亮着。当地电影院附近的公司都要通过莱斯利在大钟上做广告,每 30 秒就有一个当地药店或干洗店的广告在大钟里亮起来。

莱斯利 61 岁英年早逝。他的妻子与我姐姐露丝一样是教师,一直活到 92 岁。

## 接受教育及迷恋网球

在我父亲去世时,露丝和我搬到西 114 大街南边。我们正对哥伦比亚大学的南校区,该校区从 114 大街延伸到 116 大街。这片街区后来被哥伦比亚大学修建了房子,但当时那还是一个足球场,连着跑道和一些球场。

天气暖和的时候,我在跑道上跑步;冬天的时候,我们在泼上水结了冰的网球场上尽情滑冰。那时候天气比现在冷得多,滑冰非常流行。

10 岁的时候,我就开始看人们在公共网球场打网球。网球场以 119 大街和 120 大街为界,在克莱蒙特大道与河畔大道之间,靠近后来的河畔教堂。这项运动看起来非常吸引人,于是有一天我决定要玩这项运动。我买了最好的网球拍和最好的网球鞋。从那天起,网球进入我的生命。我仔细观察别的球手,暗中自学。当我没有对手陪我练球的时候,我就在手球场上练习。冬天的时候,我在靠近东 66 大街的公园大道(Park Avenue)上的"军械库"(Armory)室内运动场打网球。我对网球痴迷至少 20 年。

网球对我有巨大深远的影响,成为我教育和成长的一个重要组成部分。它帮助我赢得自信——对我自身身体的自信超过对球技的自信。我个子不高(就 1.6 米多一点),但我体格健壮,协调能力很好,而且跑得很快。网球恰好要求这些素质,另外还要求快速判断能力。

我参加过德威特·克林顿(DeWitt Clinton)高中的网球队。该校位于曼哈顿西 59 大街与第十大道交口附近。我在那里交的大部分朋友后来都成了我终生的好朋友,包括莱昂利尔·特里林(Lionel Trilling),他后来成为一位伟大的文艺批评家,在哥伦比亚大学当教授;还有像康提·库伦(Countee Cullen),他后来是优秀的非洲裔美籍诗人,可惜英年早逝。

但对我而言,德威特·克林顿高中最重要的是它的网球队曾拿到过全纽约超级赛的冠军。我在高中一年级和二年级的时候是校网球队队员,在高三的时候荣升为队长,并率队赢得了那次超级赛的冠军。在那三年，我几乎赢了所有的比赛，只有一次输给了厄尼·库恩(Ernie Kuhn)，他后来成了专业网球选手。

像许多年轻人一样，我高中最大的兴趣就是运动(打网球)和女生。从德威特·克林顿高中毕业之后，我进入纽约大学新闻学院。我对新闻并不感兴趣，我只是想在纽约大学网球队打球。

罗伊在20世纪50年代早期，20年代他曾经是一流的网球运动员，击败过网球名将弗雷德·佩里

回首我年轻时对网球的痴迷,我发现它与我对股市的迷恋没什么区别,并且有相通之处——我必须迅速做出决定,不能等着思考通宵。

我在纽约大学上了一整年学,但是因为不让新生参加学校的球队,我感到极端的无聊和烦闷。虽然纽约大学在我大二的时候吸收我为网球队队员,但是经历了大一之后,我觉得我没有在专业上学到我应该在学院里学到的东西。我感到我可以在外面的世界学到更多的东西。

## 在阿尔特曼百货公司的生意及艺术

1922 年春,还没满 19 岁,我从纽约大学退学,然后开始工作。我走进一间桥港老乡米尔顿·克莱恩(Milton Klein)先生的办公室求职,当时他是阿尔特曼百货公司的副总裁。我对克莱恩先生说:“我出生在桥港,我想找一份工作。”他说他们愿意给我一份工作做。事情就这么简单。

我待在阿尔特曼公司的时间比在纽约大学上学的时间要长。那是极为宝贵的三年工作经验。开始几天,我在验货部门工作。所有采购的商品都要搬到楼下巨大的贮藏室里,大大小小的货物被送到销售部门之前在地下贮藏室里混杂地摆放。我当时因为打网球很是年轻力壮,于是他们派我到室内装潢部门的验货处,也就是要我搬卸家具。

有一天,运来了两个大箱子,其中一个装有 200 把来自法国的仿古椅子,另一个装有产自意大利的提花挂毯。虽然它们来自不同国家,挂毯却是为了罩法国椅子的坐垫和靠背而量身定制的。室内装潢部的主管是一位高个子英国绅士,名叫科林汉姆(Callingham),他亲自来到验货部查看商品。科林汉姆要求我把每把椅子和挂毯从箱子里拿出来套好让他视察。他不仅对挂毯与椅子的合适程度感到满意,而且显然对我的充沛精力非常欣赏。他说:“我想让你到我的部门来。”于是我非常幸运地在短时期内离开了那个要命的验货处。

我被调到 9 楼工作,那里主要被室内装潢部占据——家具、材料、毛毯(包括许多从中东来的东方毛毯)。那时阿尔特曼公司和 W&J 斯隆公司(W & J Sloane)控制很大一部分纽约市的装潢生意。仅阿尔特曼公司毛毯部的营业额就有 600 万美元,价值大约相当于今天的 5 000 万美元。

我几乎马上学会了零售业中商品标价的猫腻——有点欺诈的味道。阿尔特曼把那些法国和意大利合产的椅子拿出来卖时,每把标价比如说是 199 美元,大约相当于今天的 1 000 多美元。几个月后,他们宣布大减价,把椅子从 199 美元降到 149 美元,实际上,149 美元就是他们原来想要卖的价格。而阿尔特曼所花的成本可能只是降价后的一半左右。他们并不需要卖 199 美元就可以有丰厚的利润。这样做的目的是为了全部卖掉,还真是很灵。有些椅子以高价卖掉了,有些以折扣价卖给了少数人,因为他们会抱怨太贵,还有些以大降价形式卖掉。

很快,这成了零售业中的惯用伎俩,阿尔特曼公司是开先河者,沃尔玛公司(Wal-Mart)紧随其后,虽然只针对质量好的商品这么做。他们从来不打广告说那些椅子是古董——那样做会完全不道德。但是,他们的确在挂毯上故意弄出些咖啡渍,以显得椅子有些历史了。

1923 年,家具布艺材料采购员离职了。虽然当时我还不满 20 岁,但我被任命接替这个职位。接下来的两年里,我为阿尔特曼公司的室内装潢部门采购装饰布料。

我的桥港市老乡克莱恩先生是阿尔特曼公司的二号人物,仅次于公司总裁迈克·弗莱德山姆(Michael Friedsam)先生,即本杰明·阿尔特曼(Benjamin Altman)的侄子。弗莱德山姆先生是一个非常有钱的人。在纽约的大都会博物馆(Metropolitan Museum)分别有一个弗莱德山姆侧厅和阿尔特曼侧厅。由此可见该百货公司如何地位显赫与资金雄厚。

我从观察阿尔特曼公司管理政策以及同部门的同事中学到了许多实践知识。我如今还对阿尔特曼公司先驱性的生意经无限敬仰。最重要的是,我上了一堂非常宝贵的课,对我自己后来做生意有特别大的指导作用,即你做生意的目的是要赚钱,但是如果你过分贪婪,你就赚不到钱,甚至还会赔本。

阿尔特曼公司也有创新性的顾客关系和经营管理方式,这些已成为当今经典的零售业原则。例如,如果货物在合理时间未脱手的话,就降到货物的成本价,现在这些似乎已经成为常规的做法,但在那时,这是非常革新的理念。还有,他们的货物必须质量好;我有一个非常挑剔的姨妈,她是阿尔特曼最忠实的顾客,她从来不在别的地方购物。

我也在阿尔特曼学会了做贸易。那就是你拿货物换取现金再拿现金去购买货物。我从室内装潢部同事们身上学到了许多关于艺术的东西。尤其是安妮·华盛顿(Anne Washington),她简直太令人愉快了。据说,她是乔治·华盛顿的正宗后裔。阿尔特曼公司室内装潢部的员工们向我展示了一个全新的世界。他们极其郑重地告诉我:“你有美学天分。”他们带我去看画展、戏剧及听歌剧,他们还鼓励我学画画。但是没过多久,我发现自己是一个笨拙的画家——我只学了 6 个月就停止了。我既没有天赋,也没有功底成为一个真正的好画家。

虽然我没能成为艺术家,但我的确成了一个艺术爱好者。我对绘画和雕塑的鉴赏能力就是从那个时期开始形成的。

我在阿尔特曼公司工作的时候,生活很忙碌。在艺术与音乐之外,我一如既往地酷爱打网球——加上无可救药地分心去追女孩子们。最近,有一位女士寄还给我当年我写给她的一封信。她完好地保存了这么多年,最近才偶尔发现就寄给我了。我回忆起我少年时候的罗曼史,既感到有趣又感到尴尬。

截至 1924 年,我已读了不少书籍,好的和不好的都有。其中最好的书之一是约翰·高尔斯华绥(John Galsworthy)写的《福尔赛世家》(*Forsyte Saga*),其中描述了英国富裕的家庭送他们最年长的子女去欧洲大陆接受教育。这本书对我有巨大的影响。我决定用我从父亲那里继承来的钱送我自己到国外度假。

我 1924 年 6 月出发去巴黎,离我 21 岁生日还差 1 个月。

第二章

# 20 世纪 20 年代的巴黎

# 漫游癖的开端

我的第一次国外旅行真让我大开眼界。我让自己乘坐一艘法国轮船，住豪华时髦的头等舱上路。轮船上我遇到了一些有意思的人，吃腻了鱼子酱。

这揭开了我此后持续几年的漫游癖的序幕。那次旅行的每一件事都令人兴奋、新鲜、精彩，从塞堡(Cherbourg)到巴黎迎接我们轮船的火车上，我一边欣赏法国美丽的乡村景色，一边吃着端上来的丰盛大餐。

20 世纪 20 年代中叶漫游瑞士时的罗伊

我逐渐喜爱上巴黎，甚至胜过喜爱纽约。那个夏天我遍游瑞士和意大利，也喜欢上了这两个国家。在意大利，我当然要到佛罗伦萨的乌费兹宫博物馆(Uffizi Palace)参观伟大的意大利文艺复兴时期的艺术。另一个在意大利的高潮是出席罗马一场音乐会，在那里我第一次听到著名美籍奥地利小提琴演奏家弗朗兹·克莱斯勒(Fritz Kreisler)的演奏。他表演完原定曲目之后，热情的观众一再要求他加演，加演了一个半小时，才让他放下小提琴。

8 月下旬，我返回巴黎，参观了卢浮宫(The Louvre)。这次经历深刻地影响了我的生活。在第二次参观了卢浮宫之后，我每周定期要去参观三次。这真让我大饱眼福。卢浮宫那时不像现在这样拥挤，因此，还能不隔着安全屏障去欣赏大师们的杰作。也不像今天这样从玻璃金字塔进去参观，你直接沿台阶拾级而上，朝辉煌的带翅膀的希腊胜利女神(Winged Victory)走去。然后我会径直去埃及展区看华丽的文牍木雕 —— 一种小型的埃及艺术品，这引发了我对古代艺术的浓厚兴趣。

此后很久，我才旅行到希腊和西西里去欣赏古代希腊与罗马的艺术。我变得像对当代艺术一样地对那些古代艺术产生了浓厚兴趣。

我到意大利和瑞士的旅行同伴是阿隆的弟弟杰西·波特(Jesse Potter)，他在经营女式服装生意。他去巴黎旅行是想去看最新的服装展览。1994 年 5 月，英法之间的海底隧道开通的时候，我想起了 70 年前我与杰西的一次对话，这次对话起因是我愚蠢的冲动，心血来潮要去冒险坐飞机。

“杰西，”我宣布，“我要乘飞机去伦敦。”

“噢，”他说，“你可别叫我和你一起飞啊。”他认为那是莽撞的行为。但我那时年轻，急切渴求新鲜体验。于是我签字参加那时看来极为新鲜的方式——坐飞机——去旅行。那次旅行很糟糕——将近

3 个小时都待在一架破旧的双翼飞机上。此后好几天，我都病倒在床上。当杰西按照传统方式乘船再转火车到伦敦时，他很健康、很满足的样子，也许还有点洋洋得意。

虽然我的第一次欧洲之旅只有两个半月，我却立即爱上了欧洲。即使在船靠岸纽约之前，我知道我已经在策划下次去巴黎的行程了。

当我返回美国后，我提前三个月向阿尔特曼公司递交了辞呈。阿尔特曼先生的侄子即该公司的总裁弗莱德山姆先生把我叫到他办公室。“纽伯格先生，”他说，“如果你留下，我们会给你双倍的薪水。”

我从来没有在意过薪水。后来我读了爱默生（Emerson）的散文《论补偿》（*On Compensation*），才对薪水有了一点概念。但钱在当时并不能引起我多大的兴趣。我主要的兴趣都在别处，在一个我并不能确切定义的范围。我想那可能是想了解生活、了解艺术、了解所有这些存在于这个世界的东西，以及去体验一个人拥有的所有机会。

这并不是抽象的雄心。我确信我在华尔街的成功可以归结为我对生活的好奇。买卖证券需要许多直觉，这种直觉只能通过在生活中学习才能培养起来。我从来没有取得任何大学的文凭或商学院的学位，但在我年轻时，在我在巴黎的岁月里，还有从那以后，我一直在不断学习。我研究人，研究生活，我观察，我倾听，我阅读。我从未发现学东西是浪费时间。我过去学的所有东西都曾帮助我在华尔街闯荡，同样，我在华尔街学的每样东西又都在生活的其他方面帮助了我。

## 重返巴黎

我于 1925 年 6 月返回法国巴黎。这次除了中间有一次短暂返回纽约，我一直像一个流放的美国人一样待在巴黎，一直待到 1929 年 3 月。居住在巴黎的那些年，是我一生中最重要的经验之一。对我而言，这远胜于在一所正规大学里接受教育。这期间有些日子很孤独，但总体上却是快乐的。

由于我继承的遗产——3 万美元，这在当时是一笔不小的数目——我能生活得像高尔斯华绥小说里的人物那样潇洒。3 万美元的利息，以约 6％计算，能很好地承担起我的购买力。我可以不工作就坐头等舱去旅行。

为了学语言，我最初在巴黎与一位法国学校教师住在一起。我和他、他的妻子还有他们年幼的儿子一起住在一栋大宅内，房子还带有一个车库。我开着花 400 美元买来的二手雪铁龙车(Citroën)，我过着像赖利(Riley)一样优哉乐哉的生活，无论赖利是一个什么样的人。

罗伊在巴黎圣杰曼大道 119 号的公寓，他于 1926～1928 年间居住于此(由法国巴黎 Alison Harris 摄于 1993 年)

我的性教育不久也得到提高。那位法国老师有一个30岁的妹妹住在巴黎郊外,她常常来巴黎市区里,表面上是来购物。她可能是一位“包法利夫人”(Madame Bovary)式的人,对她丈夫有些厌倦。她的房间离我的很近。晚上她半开着门,导致了我有6个月的性刺激历险,我从中学到了许多关于性的知识,比我以前知道的多得多。

那栋房子位于巴黎靠近布隆森林(Bois de Boulogne)的高级住宅区帕西区(Passy)。我1984年重返巴黎那片街区,并长时间地漫步在那里。一幢6层的公寓楼已取代了那栋旧宅子,但我关于那时的记忆并未改变。我很难离开那栋舒适的房子,还有许多与之相伴的快乐经历,但我实在很想待在塞纳河左岸。此后我在左岸的圣杰曼大道(Boulevard St. Germain)119号找到一间公寓,在那里住了好几年。

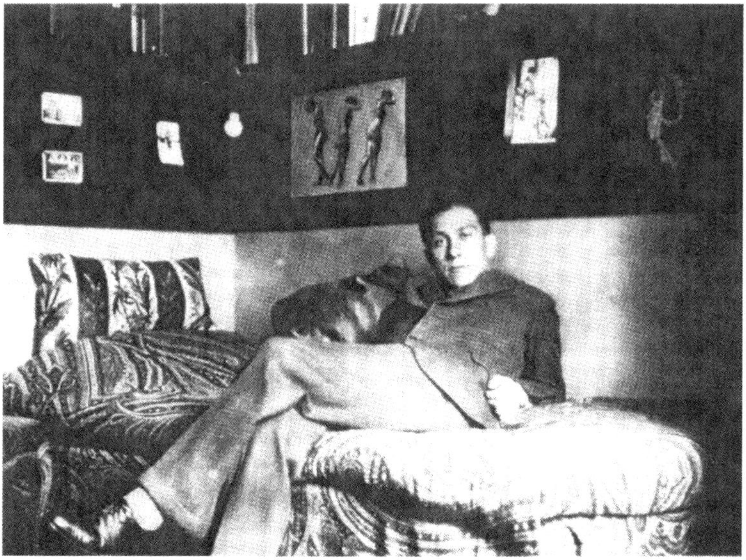

1928年,罗伊在巴黎圣杰曼大道119号的公寓里

# 双偶咖啡屋

我的公寓距双偶咖啡屋(Café des Deux-Magots)步行仅需 4 分钟的路程。在那里,我加入了一群年轻人的队伍,几乎每天大家都碰面。我们一坐就是几个小时,谈论思想和艺术,就如 100 年前那些年轻人在那间咖啡屋里所作所为一样。

我在巴黎交了许多朋友,包括一个我在巴黎布隆森林赛马俱乐部里认识的年轻姑娘。我跟她在接下来的 4 年里有过亲密的友谊。虽然有朋友,也有一两次罗曼史,但我的社交生活的节奏赶不上在美国的时候。到巴黎来的美国人中只有很少的犹太人,像我这样来学习艺术的犹太人就更屈指可数了。

虽然我住在塞纳河左岸,并追求艺术,但我从来没有成为一个真正狂野的波西米亚人(Bohemian)。一些其他的力量同时与我想成为波西米亚人的欲望作斗争。虽然我多年以后才意识到这一点。

许多有艺术天分的人相聚在双偶咖啡屋,但是并非他们所有人都道德高尚。[以前一直如此;我从英国著名历史学家保罗·约翰逊(Paul Johnson)的《所谓知识分子》(*Intellectuals*)这本书里知道,雪莱(Shelley)和其他几个好诗人竟是流氓。]但我遇到的其中一位品德正派的好人是迈耶·夏皮罗(Meyer Schapiro),他是一位具有卓越思想的杰出的人,后来成为哥伦比亚大学的教授,获得麦克阿瑟基金会颁发的"麦克阿瑟学者"(MacArthur Fellow)荣誉称号,是 20 世纪卓越的艺术史学家。我在读到一些有影响力有关当代艺术的书之前,对当代艺术没有深刻的思考,其中的一本就是由迈耶推荐的。

迈耶和我年龄相仿。我于 1926 年 7 月在双偶咖啡屋遇到他。他那时才 21 岁,却已经拥有哥伦比亚大学艺术史的学士及硕士学位。我们第一次见面的晚上他正被一群伪知识分子围攻。他最后舌战群儒，安然无恙，我们马上成了好朋友。

有一天迈耶说：“罗伊，你一定得读詹姆士·乔伊斯(James Joyce)的《尤利西斯》(*Ulysses*)。”至今我书柜里还存有 1926 年 10 月我买的 1925 年版的《尤利西斯》。该书由巴黎的莎士比亚公司(Shakespeare & Company)出版，我不求甚解地读了这本书，但它深远地影响了我。乔伊斯的自我表述方式让我在自由的时空里任意驰骋，对大多数事情的处理变得灵活自如，游刃有余，相信他影响我至深，直至今日。

同年 10 月，迈耶·夏皮罗研究罗马式艺术风格远行归来，住在我在巴黎的公寓里约一个月，然后才返回美国，当时他在哥伦比亚大学攻读艺术史的博士。他是一位朝气蓬勃、学富五车的演说家，一位狂热的思想推销家，同时也始终是一名教师、教育家、学者以及优秀的画家。

我在巴黎的公寓里之所以有空房给迈耶，是因为到 10 月份的时候，许多美国人都离开巴黎过冬去了，包括我的室友——赫曼·韦克斯勒(Herman Wechsler)。赫曼是拿纽约大学艺术史的两年奖学金来巴黎的。赫曼好几年来都跟我一起租房，我们已成了密友，他也是一个读起书来废寝忘食的人。我俩一起选修了一门装订书的课程。我家里还保存着许多我当年自己装订的书。

赫曼·韦克斯勒如果不是有点懒的话，我相信他也会成为一位伟大的学者。我经常认为他应该已经进入教育领域，但是他在艺术上却相当成功。20 世纪 30 年代时，他创建了位于纽约麦迪逊大道(Madison Avenue)的美术复制品画廊(Fine Arts Reproductions Gallery)，还写了一些关于出版的书，由阿布拉姆斯公司(Abrams)出版发行，阿布拉姆斯公司是受人高度尊重的艺术出版社。

# 在戛纳的网球联赛

在迈耶·夏皮罗 1926 年 11 月离开巴黎不久,我也离开了巴黎。尽管有浪漫的美国著名作曲家柯尔·波特(Cole Porter)在巴黎,但冬天的巴黎确实可憎。巴黎的冬天虽然没有什么雪,但却有着难以忍受的阴冷潮湿。即使是一个年轻健壮的身体,也宁愿到别的地方去。

我前往法国南部过冬,有三个月沉溺于打网球联赛。我开着那辆二手雪铁龙,在法国南部港口城市戛纳(Cannes)找到一间小而舒适的公寓住下。有时我与戛纳市的市长在一家小型海鲜餐馆里共进午餐,那时戛纳还只是一个有 32 000 人的小城市。

我是一个爱交友的年轻人,于是我见到许多来自英格兰及欧洲各地的优秀人物。其中包括一小部分王公贵族,他们冬天来戛纳受封。那里鲜有美国人,但有一些美国网球运动员,像全美网球总冠军海伦·威尔斯(Helen Wills),她的照片曾刊登在法国大大小小的报纸上。

网球联赛以戛纳为枢纽,每周在不同的地点举行。我在法国第五大城市尼斯(Nice)打了一周,在博利厄(Beaulieu)、蒙顿(Menton)以及蒙特卡罗(Monte Carlo)都曾打过联赛。我进入了戛纳市的新界网球场(New Lots Tennis Courts of Cannes)同网球名将弗雷德·佩里(Fred Perry)对阵。当时他才 16 岁。有记录显示,我在单打和双打上都赢了他。

在那期间,我与一位年轻可爱的荷兰女选手有过一段愉悦暧昧的关系。我也在一家司机俱乐部里学调马丁尼鸡尾酒,这家俱乐部设在一个专停劳斯莱斯车的车库里。我第一次尝到的马丁尼鸡尾酒

1925 年的巴黎，罗伊在他的雪铁龙车上

由 2/3 的苦艾酒和 1/3 的杜松子酒调和而成，不太冷，味道与今天经过很强冰镇之后的不一样。

## 巴黎的艺术

打了三个月的网球，寻了三个月乐子，一种负罪感逐渐升起，觉得自己太过于享受生活了，于是我又返回巴黎。经历第一次世界大战的痛苦之后，20 世纪 20 年代是一段独特的享乐时光的年代。在法国，像在美国一样，每个人都有一种兴奋愉快的感觉，认为战争已一去不复返了。

我从来没有真正跟大作家海明威(Hemingway)或斯科特 · 菲茨杰拉德(Scott Fitzgerald)或格特鲁德 · 斯泰因(Gertrude Stein)交谈过，但我的确认识桑顿 · 怀尔德(Thornton Wilder)，他是一个特别好的人。1928 年因他的一部小说《圣路易斯雷大桥》(*The Bridge of*

*San Luis Rey*)获得了普利策奖。我还遇到了一些年轻的、但当时还未出名的画家。

虽然郁特里洛(Utrillo) 好像每半年就有一次画展(我觉得他在自我复制),塞尚(Cézanne)和其他伟大的印象派画家才刚开始被人认可。日本画家滕田(Fujita)当时曾在巴黎风靡一时,人们谈论滕田比谈论毕加索(Picasso)还要多。

我对艺术的判断受许多我认识的学识渊博的人的影响,也受许多书的影响。乔治·摩尔(George Moore) 的《一个年轻人的自白》(*Confessions of a Young Man*)是关于印象派的一本好教科书。这本书成为我后来读《梵高传》的前奏,该书历数了 19 世纪法国未能被认可的伟大艺术家。

我从戛纳回到巴黎后,就到亚历山大·小仲马公司(Alexandre Dumas)里找了一份兼职做。该公司是一家巴黎的装潢公司,负责先锋派的现代墙纸和其他布景。他们还有一个地下室贮藏了许多古董。我的工作报酬是每周 10 美元外加 10%的销售提成。我用少量的精力就赢得了相当高的收入,这使我能有财力每周去参观卢浮宫三次。

1926 年夏天,有一件事的发生使我坚定了刚萌发的艺术兴趣,并且也增强了我的经济实力。法郎应声而跌,从 1 法郎兑 4 美分跌到 2 美分多点,但秋天时又升到 4 美分多。在法郎价值几乎减半的时候,我卖掉了价值 5 万美元的古董,获得了 5 000 美元提成。当法郎再度攀升至 4 美分并稳定下来时,我已挣了足够多的钱。我在巴黎剩下的日子里就不需要再工作了。

最近,我在摩根图书馆(Morgan Library)的简报上读到一篇文章,题目是“艺术史学家的忠告”(Advice of an Art Historian)。这篇文章并非出自文中摩根(J. P. Morgan) 本人之手,但他显然同意这种观点。文中建议道:“学习艺术最可靠的方式是研究成千上万的样本,然后以买进艺术品来检验你的艺术知识。”我在巴黎学习了许多关于艺术的知识。我同瓦尔特·帕赫(Walter Pach)一起选修了巴黎索邦大学(Sorbonne)艺术系的许多课。瓦尔特·帕赫是一位能鼓舞人心的教师,他后来成为全球艺术界里一个重要角色,是杰出的画家和版画家。在他的指导下,我开始想要买进艺术品。

## 柏林和维也纳

1928年秋,我的室友赫曼·韦克斯勒劝我和他一起在柏林大学选修一些课程。赫曼待在巴黎的年月里也一直在研读艺术史。我俩只用了两个月时间就得出我们恨柏林的结论。我们尤其对一种虚假的繁荣感到泄气,对德国人对待从事艺术的人的态度难以接受,尤其是对他们对待同性恋者的恶心态度感到厌烦。

毫无疑问,在柏林当时已有了反犹太主义的苗头,但我们没有与之发生正面冲突,事实上,我在整个欧洲都没有碰过到反犹太主义者。我在欧洲的4年里,都不知道还有反犹太主义这回事。

尽管没遇到麻烦,但我对柏林没有丝毫好感。在大多数的时间里,我在一家位于库达姆大街*(Kurfürstendamm)——柏林最美、最著名的林荫大道——上的大咖啡屋里下国际象棋。这条街相当于美国的百老汇街。你坐在一张大桌旁,通常是与陌生人一起,来一杯德国白兰地(Weinbrand)。那是一种类似挪威的开胃烈酒阿夸维特(Aquavit)的饮料,但没有那么好喝。它只是给你开点胃,以便再喝一打或更多啤酒。虽然那啤酒不错,但我也未真正喜欢它。

我对在柏林期间的狂饮暴食感到沮丧。我有良好的胃口,但我

* 也译为库弗斯坦达姆大街。

惊奇地发现,在柏林,人们一天中任何时候吃三个煎鸡蛋和大量火腿都是家常便饭。

于是赫曼和我离开了柏林,他回巴黎的途中在德雷斯顿(Dresden)作短暂停留,那里聚集了拉菲尔、菲尔梅尔、伦勃朗等人的名画。与此同时,我快速地游了一趟布拉格(Prague),然后去了维也纳(Vienna)。我很喜欢维也纳,我喜欢维也纳的艺术、维也纳的音乐、维也纳的人民。来自欧洲各国的学生都到维也纳来,尤其是学习音乐和医学。

我在维也纳愉快地度过了三个月。我特别欣赏维也纳人的厨艺。那年冬天雪很厚,我喜欢在雪地里走好几公里,这样我的胃口就跟食物一样好。我还能深情地回忆起有一家叫萱妮(Schoener)的餐馆,离我住的旅馆相当远,在维也纳市中心。在我看来,这里茶点的质量远胜于富瓦耶餐厅(Foyer)或马克西姆餐厅(Maxim)及任何其他巴黎的好餐馆。

## 文森特·梵高

1928年,我读到一本好书,使我的人生发生了变化。这本书就是弗罗里特·费尔斯写的《梵高传》,由亨利·弗劳里(Henri Floury)编辑,1928年在巴黎出版。我买的那本《梵高传》依旧摆在我办公室里的书架上,占据了相当重要的位置。这本书的纸张都发黄卷角了,由一根橡皮筋系着,但是后来重印的那些版本都同第一版一样新鲜夺目。我从这本书里第一次知道,当代社会并不总是青睐当代艺术家。

梵高,尽管他的生活如此痛苦凄凉,他却在居住在法国的6年里创作了一生中最伟大的作品。1885年他画了《吃土豆的人》(*The*

*Potato Eaters*)，那年他 32 岁，如果那时他就死去，那么他永远都不能出名，因为在我眼里，《吃土豆的人》只能算是一幅普通的画。但他此后的确创作了许多优秀的作品，虽然，这些都是在他死前 5 年内创作的。但是法国人没买他的作品，他们完全没有注意到这位伟大的艺术家。他的兄弟西奥(Theo)努力帮他卖画，但毫无作用。悲哀地，正如历史告诉我们的那样，梵高最终自己结束了自己的生命。

梵高作品：《星夜》

据我所知，法国对梵高的不公平对待，在当时的艺术家中，并非罕见，这个事实使我有一生工作的动力。我梦想要有能力去买那些活着的艺术家们的作品。我想要从经济上支持他们。当然，我必须拥有雄厚的资金才能做到，这些资金要远多于我继承的遗产每年所能带给我的利息收入(约 2 000 美元)，在那个时候有 2 000 美元你可以生活得非常舒服，近乎奢侈，但你不能拿它买到大量的艺术品。于是，我决定要迫不及待地回去工作。

1929 年 2 月，从柏林和维也纳回到巴黎后，我开始筹备回纽约的事。我决意要进入一个我一无所知的领域——华尔街。

有人问著名的银行抢劫犯威利·萨顿(Willie Sutton)为何要抢银行时，他的回答几乎家喻户晓——“因为那是一个有钱的地方”。

我选择去华尔街就是因为在 20 世纪 20 年代，那是一个有钱的地方。1929 年 3 月我 25 岁的时候，我以崭新的姿态回到美国准备开创我的未来。

## 第三章

# 从巴黎到华尔街：1929 年大恐慌

## 哈里—史蒂格里兹公司

1929 年冬天,我乘船横渡大西洋回到美国,一路上又冷又难受。我大部分时间都在甲板上呼吸新鲜空气以免晕船。我于 1929 年 3 月到达纽约,当时离大恐慌只有 7 个月,我决定在华尔街找一份工作,但我不知道怎样才能找到。根据对过去的模糊记忆,我回忆起当年我父亲在这条街上认识的两位熟人。一位是约瑟夫·安斯利·贝尔(Joseph Ainslee Bear),他拥有著名的华尔街经纪公司贝尔斯登公司(Bear Stearns)。但是 1929 年当我打电话给贝尔先生时,他太忙了,没有时间跟我交谈,所以我从未与之谋面。今天,路博迈公司是贝尔斯登公司的大股东。

我毫不气馁地打电话给另一位父亲的朋友杰尔姆·丹齐格(Jerome Danzig)。他还记得我父亲,并且邀请我去他位于第五大道与第 21 大街交口附近的办公室。他高大英俊,举止文雅,心地善良。他是杰瑞·丹齐格(Jerry Danzig)的父亲,杰瑞娶了全美网球公开赛冠军萨拉·帕尔弗里(Sarah Palfrey)。

丹齐格先生那时是独立经纪人,他的交易都是通过资深大型经纪公司哈里—史蒂格里兹公司(Halle & Stieglitz)结算的。他安排我与一位在哈里—史蒂格里兹公司的合作伙伴见面,当时该公司位于百老汇大道 25 号。

大型的金融公司常常为小型公司的交易结算账目。今天,贝尔斯登公司为约 1 600 家公司结算。在路博迈公司,虽然我们同有些巨型公司相比尚小,但我们也为大量的小公司结账。与美林证券(Merrill Lynch)公司不同的是,他们有上千个分部遍布全美国,而我们只有三个分部。但是我们已足够大到占据第三大道与第 40 大街交口附近的十一层办公楼了。

1929 年 3 月 9 日,我去哈里—史蒂格里兹公司面试,他们马上给我安排了工作。在阿尔特曼公司工作多年又在巴黎学习之后,我又一次从底层开始做起。我被雇为收账员(Runner),周薪 15 美元,基本上就是一个为经纪公司打杂跑腿的小伙计。在华尔街上,这并不是一个诱人的工作。幸运的是,这差事我只干了不到 3 天。

显然,哈里—史蒂格里兹公司认为我看上去是一棵好苗子。再一次我很快就被提升。我在该公司工作了十多年,成为他们最大的创收者。这么看来,他们的确投对了资。

在华尔街的那些日子里,你要知道商务的所有知识:记账(Book Keeping)、统计(Statistics)、研究(Research)、边际效益(Margins),样样都要会。我在整个公司里轮换,在每个部门都努力工作、努力学习。

10 月,我开始在购买和销售部进行交易了。每笔交易都得用手写记录下来,这种事现在都改为计算机处理了。今天,我们有一台新电脑至少每天都过一遍,但在 1929 年,我们是用一张长长的吸墨纸(Blotters)来记录每笔交易的——谁买还是卖了哪种证券、多少份额等都得用手写记录下来。其中我为之记录较多的一位顾客是约瑟夫·肯尼迪(Joseph Kennedy),即后来总统约翰·F. 肯尼迪(John F. Kennedy)的父亲。例如,我要详尽地记录下约瑟夫·肯尼迪先生卖空(Sold Short)了 1 万股"美国烟草"(American Tobacco),每笔交易的始末我都要用手写记录在吸墨纸上。

## 管理我自己的资金

在 1929 年股市大恐慌里我所唯一管理的资金就是我自己的资

金。在我进入华尔街工作前,我所知道的关于股市的全部信息就是我那保守派的哥哥莱斯利持有的我 1916 年从父亲那里继承下来的一些蓝筹股(Blue-chip)。

1929 年,我高兴地发现管理资产的哥哥又买进了许多绩优股,包括许多今天尚在交易的公司股票——美国电报电话(AT&T)、兰伯特公司[现在的华纳—兰伯特(Warner Lambert)]、波斯塔姆公司[Postum,后来变为通用食品(General Foods),然后又变为菲利普—莫里斯国际公司(Philip Morris)]、美国太平洋联合铁路(Union Pacific,还未更名)。圣达菲(Sante Fe)与南太平洋公司(Southern Pacific)合并了,现在也是美国太平洋联合铁路的一部分。

我发现,我大部分的投资都是第一手按揭的房地产债券,这使我每年有 5.5%的年收入。这些债券都是有担保的。到底是谁担的保我从来都不知道。但肯定不是美国政府,或许是上帝吧。我在 1929 年春天的时候把它们全部抛掉,然后转为投资到普通证券。

从 1929 年 3 月到劳动节,一直是牛市在持续。除了几次正常波动,股票在整个 20 年代都在持续攀升。接着,就在 1929 年劳动节前夕,终于涨到了最高点。

我那时感觉自己非常富有。我的股票价值上涨了 12%,达到 35 000 美元——比 3 月时净增了 5 000 美元。但是劳动节之后到 9 月剩下的日子里,股市几乎每天都在一点点往下滑。到 9 月底,我赚的 5 000 美元就被抹平了。我的股票价值又回到 3 月时的 30 000 美元。整个金融市场的情况似乎有点不对头了。

## 用无线电公司股票套期保值

那时华尔街上交易最频繁的股票是美国无线电公司(Radio Corporation of America)，简称“无线电”(Radio)。它后来演变为今日众所周知的RCA。我研究这只股票较其他的相对深入。我真正领会到在不同层次上的进出。在这个过程中，我开始探索出一些分析法，即后来人们所称的“罗伊·纽伯格式分析法”。

美国无线电公司涨到每股574美元之高，然后每股分为5股。我开始研究为何股价能这么高、这么吸引人。没有迹象表明能支撑如此之高的股价。我咨询了年长的、更有经验的投资人，但我也没有得到任何确切答案。人们解释说是因为我们进入了一个无线电时代—— 就那么简单。

但是股价走势似乎违背了普通的逻辑。在我看来，收音机只不过是另一种新工具而且还不太好使。你打开收音机，幸运的话还能听得见点东西。其信号接收非常差。那时，收音机看上去是远远没有汽车那么有前途的产品。

无线电公司由一群投机商组成的财团联营操纵，这在当时是合法的行为；但在富兰克林·德拉诺·罗斯福(Franklin Delano Roosevelt)担任总统期间，约瑟夫·肯尼迪是证券交易委员会主席时，颁布了法律，规定财团操纵炒作行为是违法行为。

当我的股票跌回到30 000美元的时候，美国无线电公司的股票则从每股574美元跌到接近500美元。因为每股分成了5股，所以牌价上显示的只是从114美元多跌至100美元。即使这样，该价位对我来说也是出奇高的了。

是我该采取行动的时候了。当无线电跌至100美元时，我卖空了300股。这与我手头持有的多头股价正好相等。现在变成卖空30 000美元无线电股票，又买空30 000美元其他蓝筹股。

那是我第一次大胆尝试套期保值(Hedging)。今天，当然，随着大量的对冲基金(Hedge Fund)的存在，套期保值已形成了一个很大的产业。有可能我 1929 年的账户就是第一笔对冲基金,尽管基金数目很小。以每股 100 美元抛售掉无线电公司 300 股股票好像是一个合理的、自我保护的方法来应付巨大的股市震荡。

直到今天,我若发现大盘攀升太高就会采用这种办法。我会彻底地套期保值。

## 大恐慌

1929 年 10 月初,因为成交量前所未有地持续增长,导致我每晚都加班加点,随着那个决定许多人命运的月份逐渐推进展开,投机更加猖獗——焦虑在我的办公室里及整个纽约市蔓延。股市成了人们议论的焦点。

1929 年 10 月 24 日星期四的上午,股市开始垂直下跌。一直跌到下午,纽约四大银行都掷入几千万美元试图要护盘拯救股市。盯着报价机打出的纸条,上面罗列了所有证券交易所在大厅里的交易行为,就仿佛是在看一场异常惊险的悬念电影。

那个星期四,股市成交量达到 13 000 股。报价机打印得如此之慢,以至于经纪公司收到消息要比实际成交晚好几个小时。许多股票那天跌得要比经纪商意识到的更低。

在哈里—史蒂格里兹公司的交易部,我们极度紧张地工作到深夜来记录白天的交易。很明显,成百上千万的美元都消失殆尽,尽管衡量相对少数重要股票的道一琼斯(Dow Jones)工业平均指数只下降了不到 7 个百分点。

星期五是同样的暴跌,星期六上午也一样。(在那个年代,股市在周六开两个小时。)你每分钟都能感受到压力在增大,终于到了星期天,证券交易市场闭市了,我筋疲力尽,睡了大半天。

10 月 28 日星期一几乎是上周四的重演，股市狂跌，到处弥漫着歇斯底里的情绪。我几乎工作到半夜，打了辆出租车回家睡了几小时，然后一大早又赶回去工作。

大恐慌的这天到来了。1929 年 10 月 29 日——“黑色星期二”，股市比任何一天都更糟糕。一切都分崩离析了。我以近乎疯狂的速度工作，试图跟上触目惊心的交易。我们联络周围的每个人，在纽约的，在其他州的，或是在国外的，每个人都知道大势不好。恐慌的情绪传播得很快。

当证券公司星期三上午 10:00 开市后，即大恐慌一天之后，交易量持续无限地上升。(当然，即使在那天，成交量也无法与今天正常的成交量相比。)我作为一个在华尔街上相对的新手，在那些天里忙得天昏地暗，似乎想赶上要记录下来的那些令人眩晕的交易量。工作到午夜以后那是家常便饭。

导致大恐慌的部分根源是许多投资者当时入市时只需付 10%的保证金。如果投资者投 10 万美元入市，可以购买价值 100 万美元的股票。但是如果投资组合下降 10 个百分点，那么投资者就损失 100 美元的 10%，即投入股市的全部 10 万美元。那么投资人就破产了。

如果股票下跌幅度超过 10 个百分点，那么投资人就负债了。纸上的富贵转眼间化为乌有。传说中的 1929 年跳窗自尽的那位百万富翁可能就是发现他持有的股票市价猛下滑 50 个百分点。这样他不仅没有了持有的 100 万美元(当然是在账面上的)，而且欠他的经纪人 50 万美元。而这 50 万美元却要用现金来支付——这时已不是账面上的数字了。在 1930 年，无数的人都处于这种困境中。

熊市赚了些钱，但是许多人在 1928 年时已经出乎意料看空股市，担心股市下跌。因为大盘在那时已经过高了，于是他们过早地卖空而赔了个精光。

我没有为我自己的 3 万美元投资组合开保证金账户。我于 1929 年春天买进这些股票的时候,是付足了现款交易的。当然,当年 9 月份我卖空无线电公司时,需要将一些资金存入一个保证金账户。无线电公司的股票价格波动幅度很大。有时把股票波动幅度称为贝塔值(Beta),即一只股票波动的平均百分率。无线电公司贝塔值大,即它的波动百分率大。在百分率方面,无线电公司比美国电报电话公司的股价要波动频繁。我仍旧持美国电报电话公司的股票观望,即使在大恐慌之前其股价跌破其面值的一半。

我的投资组合由保守型投资股票组成。某种股票并不总是大幅度波动。在当今股市里,譬如一只电话公司股票会比汽车公司的股票(例如克莱斯勒)的波动小得多。但是当今许多股票的震荡幅度要比过去大得多。

1929 年 11 月 13 日,大盘跌入大恐慌之后的第一次谷底但不是最后一次谷底。但到那时,许许多多美国人的生活已经较一年前甚至六个月之前相去甚远了。我们亲自见证了美国历史上最强大的金融恐慌。它影响到了全球所有人。

第四章

# 大恐慌之后

10月29日之后许多天,熊市大盘继续下跌,到11月13日跌至第一次谷底。然后股市开始反弹,到1930年4月,道－琼斯平均指数恢复到50%。看到这些数据,许多金融大腕及政要都纷纷宣布大萧条只是由于股市一时失控而产生的临时现象,并且预言股市大繁荣即将到来。但是他们错了——股市再次暴跌,于1930年10月再创新低,此时距大恐慌发生之后刚好一年。此后股市再次持续下跌,两年之内,跌到只相当于1929年9月高峰时的11%。我以每股100美元卖掉了美国无线电股票,而它最终降到每股只值2美元。

## 对比1929年和1987年

因为我是据我所知唯一一位在华尔街上既经历了1929年的大恐慌又经历了1987年股市崩盘的投资人,所以常常有人请我将两次事件进行比较。我认为,两者最明显的区别在于其影响的深远程度:1929年的股市大恐慌导致了长期而沉重的经济大萧条,甚至到第二次世界大战开始时都没有结束。大量的财富消失了,无论是富人还是中产阶级,无数家庭的生活都发生了变化。1929年大恐慌对个人、对大型企业及对整个美国都有长期重大的影响。1929年底,我们遭遇历史上最糟糕的熊市,到1932年6月,股市价值损失已高达89%。

但是1987年股市崩盘之后的日子却相当不同。事实上,股市在20世纪90年代急速上升。与1929年的灾难性严重后果相比,1987年只是对股市一次相当肤浅的调整。股市下跌只在10月持续了一周。这是因为此前利率太高导致年初时股价疯狂上涨。同年10月的同一周,债券市场也一路猛涨,这就是其特点。投资债券并非是我的偏好。但是那周买长期债券却是一个明智之举。待尘埃落定,到

1987 年底,股市开始上升,与 1929 年底的状况很不一样。

1987 年被称为熊市;但是,更确切地说,应该称之为对过激牛市的修正。截至 1994 年,股市的价值翻了一番,并且其上升的趋势还在持续。

## 来自大恐慌的教训

即使在大恐慌之中,我也从来没有后悔过我做出去华尔街的决定。反之,我从 1929 年大客户中吸取了许多经验教训。我研究股市后很快知道大事不妙。也许正因为我在 20 世纪 20 年代早期不在华尔街(甚至不在美国),我反而更能看出问题所在——尤其是当其他更有经验人士自欺欺人地相信股市必定会继续上涨的时候。

那时,我以我 26 岁以来所有的生活阅历,尤其是生活常识去面对股市,这正是华尔街上所缺乏的。我认为大恐慌是我们经济环境的病兆。我还觉得我们正进入熊市,并且我采取了应对措施。

在许多方面,大恐慌形成了我现在在股市上的操作模式:每当股市经历长期上涨之后,每当每个人都为他们财富增长而快乐之时,我都会提早担心股市下跌。与之相反,每当股市大幅下跌时,我反而变得非常乐观,因为我觉得它已经把我们将要面临的贬值都折现进去了。

许多人不喜欢做空股票。但这是合法的——而且这也常常很有帮助。它扮演了一个维持市场健康的平衡角色。假如只有牛市,股价一直上涨,一旦股市下跌,如果没有人做空,那就不会有人买股票。当股市气象不佳、股民心理不乐观时,熊市常常可以救济。

涉足股市 65 年多之后,我仍以 1929 年初涉华尔街时一样的方法去炒股。现在,与以前一样,一般长期情况下,我倾向于一些仔细挑选的普通股。过去的许多年里,债券比股票下滑得厉害。

什么是仔细挑选的股票?例如,强生公司(Johnson & Johnson)是全球最大的医药公司。它拥有大量花样繁多的产品,在全球 57 个国家销售。这就是我认为的好公司,是一种保守投资。

但是时代不同了。许多年前,许多人认为零售公司蒙哥马利—沃德公司(Montgomery Ward)是一项好投资,但现在蒙哥马利—沃德却不再交易了。我不知道它到底怎么了,或者即使它还存在于股市,也不是曾经那个全美第二大零售业公司了。

为了做得更好,你必须学会从过去吸取经验教训。你必须客观地看待事物。在大恐慌之后接下来的长期熊市里,我学会了完全注重实效和实事求是。

我认为,20 世纪 20 年代最大的问题是许多人根本拒绝做现实主义者。他们希望股市永远涨下去,于是他们忽略了股市已经涨过了头。许多公司貌似强大,其实不然。公司倒闭的例子比比皆是:纺织业在 1924 年承受巨大的冲击;1925 年佛罗里达发生地产危机;此后许多年都没有恢复元气。但许多人拒绝看到这些危险信号。

## 理查德·惠特尼与百分之十原则

投资人不可能在华尔街上总是赢,所以,必须要学会迅速减少损失并轻装前进。我曾经一度看好国际联合收割机公司(International Harvester)的股票。很不幸,我购买该股票之后,该股立即下滑、下滑、再下滑。我意识到我投资失误了。于是,我当天即刻卖掉,幸好只蒙受了一点点损失,而不是血本无归。这许多年来,我也时常失手,但很明显,我赚的比赔的要多。

紧揣着某只股票不放有可能是灾难性的。明智的办法是百分之十的停损原则，即“如果你的股票开始下跌，在跌幅 10%时，卖掉再买”。我很严肃地执行这一原则，这对我很有效。这项原则的有效之处就是不要过于追求利润，永远不要试图猜测股市最高点。

1929 年，理查德·惠特尼(Richard Whitney)很顽固。他是纽约证券交易所的总裁，极受人尊重。他的兄弟是摩根集团(Morgan Company)的主要合伙人。大恐慌之后的一个月，纽约证券交易所执行董事会通过一项决议，感谢惠特尼先生在危机中“快速、有效和认真谨慎”地工作。执行董事会总结道：“巨大的危难造就了拯救危难的栋梁之材。”1932 年，美国上议院调查股市，未发现他的行为有任何差错。

但是 6 年之后，1938 年 3 月 10 日，纽约市大法官(District Attorney)托马斯·E. 杜威(Thomas E. Dewey)逮捕了理查德·惠特尼，并指控他犯了巨额盗窃罪。翌日，由纽约州首席大法官重申对他的逮捕。涉案金额成百上千万美元，都是理查德·惠特尼担任受托人的纽约证券交易所拥有的养老基金(Gratuity Funds)。

理查德·惠特尼 1929 年做出了一些不幸的抉择。他拒绝卖掉股票，顽固地看着他的投资贬值直至赔个精光。后来他用这些养老基金来填补他的亏空。结果，理查德·惠特尼不仅从公众那里而且从他的同行那里盗用了钱。

我从未与理查德·惠特尼谋过面。虽然我朋友中熟悉他的人都证实他极富个人魅力。他生活一路顺畅。他出生于一个富有家庭，受到过良好的高等教育，被公认为是一个聪明的人。他的兄弟是一个异常慷慨的人，一心想要支撑家庭门户荣耀，投入 1 000 万美元想要平息事件。但是理查德·惠特尼还是锒铛入狱了。

到华尔街后不久，当我看到无线电公司和其他股票被所谓的专家们过度估价时，我对华尔街缺乏起码的普通常识感到绝望。这种绝望随着理查德·惠特尼案件而愈加强烈。很明显,理查德·惠特尼没有遵循百分之十的原则:早日发现错误并及时采取行动。

## 自杀与恐慌

有关大恐慌期间股票经纪人从办公室窗户跳下去的故事纯属杜撰。这些故事没有发生过。人们赔钱,失业率高,还有一些陷入赤贫。但自杀率并非特别高。统计资料显示,1929 年整年自杀率只略微有所增长。恐怖的跳楼自杀故事只是当时广泛传播的恐惧的表现。

最引人注目的与大恐慌有关的死亡事实上发生在几年后,即 1932 年 3 月,当伊瓦尔·克鲁格(Ivar Kreuger),瑞典的联姻王储,在巴黎自杀,导致华尔街周六商务交易混乱。他的公司,克鲁格—托尔(Kreuger and Toll),在大西洋两岸同时被看好。他受尊重程度如此之高,以至于他能从美国或其他国家的银行借入成百上千万美元。然后,有一天,他借了 1 000 万美元给意大利政府。当然,当一个人借钱时,他的信用就上升。所以克鲁格可以继续借更多的钱。最后,他陷入困境。他的债务远远超过他所拥有的资产。于是他在巴黎的公寓里开枪自杀。

当克鲁格的死亡消息传来,导致了华尔街上的疯狂抛售,同 1929 年的大恐慌不相上下。我相信我不是当时唯一一个对克鲁格之死带来的恐慌短期即停止而感到长舒一口气的人。

## 第五章

# 在困难时期赚钱

## 管理他人资金

1930 年 3 月,即我在哈里—史蒂格里兹公司工作一年之后,我决定要成为一名客户经纪人,也被称为资金管理人或投资顾问。我对自己的财务能力很有信心。我做学徒的时候很努力,在公司各部门轮换熟悉业务的时候,我学会了各部门的操作。我在大恐慌期间相当成功地管理了自己的资金:这对新手是一个严峻的考验。

事实上,我比许多其他经验丰富的投资人做得更好的原因仅仅是因为我套期保值了。我卖空了我认为标价过高的股票,保护了我的账户资金。如果我根本就错了,当其他股票下跌时,美国无线电股票就会上涨。但是无线电股票开始长期下滑,我也从做多的角度赚足了足够的钱抵消我的损失。当市场上一年普遍损失 100%的时候,我仅有 15%的亏损。我的股票原来价值 30 000 美元,后来价值 25 000 美元。比起大多数人来说,我的损失很小。

结果是我已经准备好要管理他人的资金(OPM)了。

1930 年 4 月初,当道琼斯工业平均指数恢复 50 个百分点时,这又是一个卖股票的很好的时机。我从头一年里迅速学会了许多,可以相当好地在熊市里管理资金。这次熊市一直持续到 1932 年 6～7 月。

## 20 世纪 30 年代的交易

1930 年 4 月 3 日,我进入大盘操作室(Board Room),即买卖股票交易的地方。我很幸运地从一个相当好的资金账户开始工作。我那非常受人尊敬的姐夫阿隆·波特在华尔街上最好的交易室里有三个代理账户,他把三个账户都转给了我。

“罗伊,收下这些账户,”他说,“你比别人不可能做得更差。”

阿隆给了我代理权(Attorney),这在要迅速做决定的时候极为重要。拥有了代理权之后,我就是他的“客户经纪人”:我可以全权代表他买卖股票和管理他的资金,而无需征询他的意见。我从来不喜欢被称为“客户经纪人”。我认为“资金经理”是一个更明确的头衔。但是客户经纪人是这么多年来我一直在做的事。

作为客户经纪人,我没有工资。但是,我每做一笔交易都有交易室所得佣金中的1%的固定提成。作为一名客户经纪人你是不收钱的。投资顾问给顾客提出建议如何管理他们的投资组合时会收钱。只有少量的富有家庭或组织雇用投资顾问。只有 10 万美元的人不需要投资顾问,因为金额太小。有些公司只有在你拥有超过 100 万美元的账户时才给你指派一名投资顾问。

当阿隆·波特给我他的代理权时,这是对我信心的一次巨大鼓励,是我生命中最重大的时刻之一。从那一刻起,我从未招募过账户,从未向任何人开口要过账户。

阿隆在大恐慌时期损失了些钱,但因为他先前投资谨慎,故损失不大。他没有负债。同我一样,阿隆以现金交付,付清了他持有的股票。他不相信保证金方式购买,并且也禁止他的经纪人这么做。

今天,你仍旧可以拿保证金买股票,但现在的保证金是 1∶2,而不是当年的 1∶10。今天拿 1 万美元,你能买价值不超过 2 万美元的股票。

我为阿隆·波特做了许多投资,并且这么多年来产出颇丰。阿隆是纽约头号光学仪器生产制造和批发公司的老板。1932 年,在经济大萧条处于低谷时,他以相当可观的价格把他的公司卖给了美国光学仪器公司。然后,我把这笔钱投入了股市。

但是,股市那时正处于艰难时期,整个国家也处于艰难时期。我们是一个俭朴的国家。全国每样东西都在下跌。许多大公司都没有分红派利。20 世纪 30 年代初,有舆论称 1929 年的大恐慌是短期的异常现象。但随着时间的推移,更多人失去了工作,投资人继续赔钱,整个国家更穷了。我们正处于一个经济困境。工人怀念在繁荣时期的美好日子。没有人理解用货币政策来人为制造货币以此推动购买力。

赫伯特·胡佛(Herbert Hoover)总统不能阻止人们低落的情绪。当富兰克林·罗斯福当选为美国总统时,人们的精神为之一振。他很善于提高全国人民的士气。但“罗斯福新政”实施六年,失业率依旧很高—— 到 1939 年达到 17.3%。许多人不记得了,或者不愿意再记得—— 最后我们是靠第二次世界大战才走出经济大萧条的困境的。

20 世纪 30 年代,华尔街上的交易与今天大相径庭。当今股市涉及成百上千万人。在 30 年代,华尔街上只有很少一部分人在炒股,而且通常人们印象中是只有你很有钱才会有经纪账户。所有这一切都改变了。现在,任何人都可以在邻近的银行开个账户炒股。

即使在 1930 年股市上升后,华尔街的条件也根本无法与今天相比。在 1933 年银行法定假日时,股市已降至 1932 年来的最低点,其后开始缓慢回升。股市每年回升一点,至 1937 年,股市又转为熊市。经济大萧条的阴影仍然笼罩着股市。

当约翰·D. 洛克菲勒(John D. Rockefeller)注入大量资金购买新泽西标准石油 100 万股时,20 世纪 30 年代的下跌停止并回升的确曾存在了一小段时间。人们一旦知道谁是买主之后,股市立即大振。这种情况经常发生,但短暂反弹之后,接踵而来的是更急剧的下滑。

那是做空头的好时机。

我受到了良好教育看清事物真相,而非一厢情愿地按主观臆断希望股市如何。我学会股市有其自身的规律,就如大海的波涛一样。每隔几个月,就有一次变化。有长期投资者可能在涨落中能经受住考验,但我是一个交易员。我必须随股市起伏密切调整。一路上往往是波涛汹涌。

## 客户源源不断

由阿隆推荐,我有了第二个客户,即康涅狄格州的哈里·普蒂(Harry Purdy),他也从事眼镜业。第三位客户是叶兹(Yates)"医生",他在梅西(Macy)百货公司经营眼镜部门。他不是真正的医生,但看上去很像医生,这在面对顾客时非常有用。

当叶兹"医生"退休时,他已经非常富有了,于是移居到佛罗里达州。他一直想要买一辆凯迪拉克汽车。有一天,他打电话问我是否他应该买一辆。我保证他有足够的闲钱可以买一辆。

五年以后,他又打电话来。"罗伊,"他说,"这里有一位推销员想要卖给我一辆新车。"

我问他那辆旧的凯迪拉克是否还可以用。"噢,是的,"他说,"很好,它已经跑了差不多 3 万公里。"

"那就别买了。"我说。

他后来告诉我,他很高兴我给了他那样的建议。当然,我帮他处理过更复杂的事务,但是,基本上采取同样的原则。

随着股市如此严重的缩水,许多经纪人都离开了华尔街。常有要离开的经纪人把他的客户推荐给我。在困难时期里,我的生意不断壮大。

# 在哈里—史蒂格里兹公司十年磨一剑

哈里—史蒂格里兹公司的总部位于华尔街附近的曼哈顿市区百老汇大道25号。我在那里工作了十年。哈里—史蒂格里兹是一家强势的中型公司,客户主要来自富裕家族,如约瑟夫·肯尼迪家族。公司的几名合伙人也都资产雄厚。

史蒂格里兹先生是一个极端保守的投资者,只用其财富的10%投资股票。他是著名摄影家及艺术文化商阿尔弗雷德·史蒂格里兹(Alfred Stieglitz)的远房亲戚。阿尔弗雷德是艺术家乔治娅·奥可菲(Georgia O'Keeffe)的丈夫,也是美国油画家约翰·马林(John Marin)及许多顶尖欧洲艺术家的代理人。有一次我去阿尔弗雷德·史蒂格里兹的艺术画廊参观,被他赶了出来。他只粗略地打量了我一下,就把我逐了出去,显然他并不认为我有钱去买画。我打了领带,但我猜我看上去不像富人。

斯坦利·哈里(Stanley Halle)来自俄亥俄州克利夫兰市的一个富裕家族。他们家族拥有克利夫兰市最大的百货店——哈里兄弟百货。

我必须承认,哈里—史蒂格里兹公司并不总是完美的工作场所。事实上,在经济大萧条时,大约有10名合伙人,其中一名曾解雇有孩子的员工,因为他不想为许多家庭负责。的确,我真的从来没有喜爱过这家公司。但是,这家公司很诚实,并且提供了机会让我入门,掌握了华尔街的交易活动。

那时候,我发现许多管理资金的经理并不擅长管理金钱。当金融机构负责代管大笔资金时,他们凑巧在那里而已。这些人中的一些有老式背景,接受传统教育,但是似乎鲜有业务常识。另一方面,我知道年轻人在 30 岁之前非常擅长管理资金。我认为每个领域都一样:有些人天生就优秀,但有些人根本不是这块料。

1939 年,我通知哈里—史蒂格里兹公司,我将于次年离职,自己创业开公司。那时我 37 岁,正是开创新事业的最佳年龄。

1940 年 12 月,我开始一次新的冒险历程:创立了路博迈公司。现在它已成长了半个世纪之久。

# 第六章

# 建立家庭

1932年6月29日,我的婚礼举行之日,道－琼斯工业平均指数下降到42点,是华尔街历史上的最低点。

但是在曼哈顿城区内,却是一片喜气洋洋。玛丽和我在谢丽饭店(Sherry Hotel)举行了婚礼。谢丽饭店是旧纽约市区纽约公园路上的标志性建筑。这是一场令人难忘的婚礼,主婚人是极具个人魅力的民族文化协会的负责人约翰·洛夫乔伊·埃利奥特(John Lovejoy Elliott)。玛丽的大家族和我的小家庭都出席了婚礼,还有许多朋友,共有150人。

## 追求优雅的玛丽·萨兰特

我最初遇到我后来的妻子是在1930年12月,一年半后我们结婚了。

我在哈里—史蒂格里兹公司研究部调查某种股票的时候,意外遇上了一位可爱的年轻女士,她叫玛丽· 萨兰特(Marie Salant)。她当时正斜倚在一堆文档上,我必须承认她美丽的倩影使我立马开口与她约会。但是不止这些。我很惊讶她会在那里工作:哈里—史蒂格里兹公司几乎不怎么雇用女员工。我不记得还有别的女性做过类似玛丽做的工作。

玛丽刚从布林·莫尔学院(Bryn Mawr College)毕业,有经济学学士学位,在那时的女性中是非常不寻常的。她的父亲,阿隆· 萨兰特(Aaron Salant),成为我生命中第二个重要的阿隆。他坚信经济学是日常生活重要的背景学问。他鼓励玛丽和她的两个弟弟——沃尔特(Walter)和比尔(Bill)——学经济,两人都是哈佛大学的高才生。

毕业以后,玛丽的父亲想让她去实习获得实践经验,叔叔在哈里—史蒂格里兹公司一家分部做经纪人,于是帮她联系了研究部的工作。

我们第一次约会时,我去她父母住的公园路 1155 号接玛丽。她提供了交通工具。她父亲给了她一辆别克车。那是一种经典、舒适的带敞篷的车,那时的车很少有带敞篷的。如果下雨时要把敞篷顶支起,你需要停车,打开帆布盖,拉起敞篷顶,钩在挡风玻璃上方。许多年后,才出现可以按一个按钮就自动升起的敞篷顶。

当玛丽提议让我开车时,我很高兴,虽然也有点紧张。我尽力小心地去开她这辆漂亮的汽车,以至于受了这位未来妻子的第一顿训斥。她抱怨我开得太慢了。

我们去了一家名叫箭头酒店(Arrowhead Inn)的漂亮餐馆,它位于河畔大道上,可俯瞰哈德逊河(Hudson River)。那是一个美好的夜晚。从那以后,玛丽就成了我的最爱。我真的爱上了这位娇小的美人。她不像巨星玛琳·黛德丽(Marlene Dietrich)或玛丽莲·梦露(Marilyn Monroe)那样的性感。她更多的是像凯瑟琳·赫本(Katherine Hepburn)那种类型,凯瑟琳也就读过布林·莫尔学院。玛丽极好的性格是她最美丽的地方。

## 新婚燕尔

我喜爱玛丽的家人和朋友。我们常与其他夫妇一起参与社交活动,但现在他们已没有一对完整的夫妇健在—— 一对都没有了——只单留下几个散居的寡妇,还有一个鳏夫。

劳埃德·菲利浦斯夫妇(Lloyd and Ethel Phillips)是我们终生的朋友,也是最重要的一对夫妇。埃塞尔(Ethel)毕业于纽约的瓦瑟(Vassar)大学,比我妻子玛丽大 6 个月。劳埃德·菲利浦斯是哈佛高才生。我和玛丽 1931 年去亚特兰大市与他们共度了一周的假期，因为那时我们还没结婚，就分睡在不同卧室里。后来，那个秋天，我们一同去看哈佛—耶鲁大学的比赛。我们还一起去纽约森林山(Forest Hills)参加网球比赛。

这些夫妇都是玛丽的密友。他们都明确地表示他们喜欢我，并想让我们结婚。如果不是因为他们推波助澜，我们的婚期很可能会推迟。我那时并不是要急于结婚，是他们不断邀请我俩进餐——包括菲利浦斯夫妇、菲尔兹夫妇(the Fields)、弗雷德兰德夫妇(the Friedlanders)、吉尔德夫妇(the Gilders)以及其他夫妇。

玛丽的家人去阿第伦达克山(Adirondack Mountains)中的鱼鹰湖(Loon Lake)度假，她叔叔和阿姨在那有一栋别墅。第二年夏天，我把自己的假期也安排在那里。我开着玛丽弟弟的车，带着朋友杰瑞·施特劳斯(Jerry Strauss)。就在鱼鹰湖，我和玛丽订婚了。

罗伊和玛丽，1951 年

谢丽饭店是我和玛丽举行婚礼的地方。该饭店占据了公园大道整个街区,从华道夫—阿斯多里亚酒店(Waldorf Astoria Hotel)穿过街即到。我在优美的华道夫大厦(Waldorf Towers)预订了房间。当我们得知一些爱开玩笑的朋友想知道我们去了哪里,想要跟随而来的时候,我们的行李已经在华道夫大厦的房间里了。当我们离开婚礼仪式现场时,我们乘的士绕中央公园两圈以便甩掉那帮调皮捣蛋的朋友。我们的朋友都被弄晕了,当我们最终绕回华道夫酒店时,没人发现我们。

蜜月真是好极了。我们开着玛丽的豪华敞篷车,从纽约北部进入加拿大,到达默里湾(Murray Bay)。我在那里打了网球,以 6∶2、6∶2 的大比分直落两盘,击败了一位职业网球手。我们遇到了阿瑟·默里(Arthur Murray)和他的妻子凯瑟琳(Kathryn),他们也是网球高手,但舞技更精湛。

蜜月旅行时,我一直带着一瓶威士忌。当时这被认为是一件时髦的事,因为那时威士忌常被描述为半药半酒的东西。带着瓶酒被认为是成熟的标志。实际上,我很少喝威士忌。所以当我们从加拿大回来过海关的时候,我就觉得自己有点傻,因为我带威士忌进入美国境内要缴罚金。

我们在位于公园大道和麦迪逊大道之间的第 88 大街东 40 号的一间很舒适的公寓里安了家。我本来更愿意在纽约艺术中心格林威治村附近的西第 12 大街上一处地点安家,离一所新学校很近,但是玛丽喜欢跟她父母住得更近点,那时她父母阿隆· 萨兰特和约瑟芬·萨兰特住在公园大道附近的第 92 大街上。于是第 88 大街成为我们生活的起点,离玛丽的父母只有 4 个街区。

# 玛丽的家庭

萨兰特一家是一个紧密团结的大家庭。玛丽和我以及我们的子女在家庭生活上更多是与萨兰特家族紧密联系的,而不是与周围少数几个纽伯格家族的人。

部分原因是因为我从12岁起就成了孤儿。玛丽的亲人也成为我生命中不可分割的一部分。玛丽的父亲在后来的日子里像我亲生父亲那样对待我。他作为我的良师益友,为我付出了很多。我欠玛丽和她家人许多许多。

玛丽来自书香门第,受过良好教育。萨兰特一家信奉良好教育。这一点也感染了我,即使我只是一个上了一年就从纽约大学退学的人。虽然我认为我是从自己的社会大学毕业的,但是我对玛丽在布林·莫尔学院受教育的经历及对她兄弟们受过哈佛大学教育的经历,印象都非常深刻。

玛丽的父亲是纽约城市大学的高才生。玛丽的兄弟们与他们的大多数朋友都上的是常春藤联盟大学(Ivy League Colleges)。她如何看待我从纽约大学退学一事?我一定给了我自己相当好的教育,因为我从来没在玛丽及其朋友面前显得没受过良好教育。我通过萨兰特家庭认识的许多人——尤其是我通过玛丽的兄弟认识的经济学家——是我继续教育的一部分。

我的岳父阿隆·萨兰特是一名学者、知识分子。他曾教过书,然后他的哥哥盖伯(Gabe)告诉他说,他靠当教师的薪水没法养活一家人,并且说服他加盟其家族公司,即萨兰特公司(Salant & Salant)。盖伯与他父亲一起,共同创立了这家公司,是家族里精明老练的商人。

初见我岳父,你会以为他是教师或作家,不会是一名成功的商人。但是他曾是萨兰特公司的总裁,该公司是美国最大的制服衬衫生产商。现在这家公司还存在着,是专门的男士制衣公司。阿隆是一位相当成功的商人,但是我认为他如果从事教育会更加快乐。

我岳父不信奉加入组织社团或占有某种东西。萨兰特一家不是任何一个俱乐部或犹太教组织的成员。虽然他每年给我一张支票让我捐给道德文化协会(Ethical Culture Society),可他们从来没有车,没有房,没有一间公寓。他们住在公园路上第一次世界大战后首批修建的一栋建筑里。他们一直租房子住且从未搬过家。

我的岳母约瑟芬,是一位很有魅力的女士。1925 年她曾带领她姐姐一同出国,所以我们可以交流许多关于巴黎及 20 年代欧洲的美好回忆。她的弟弟阿尔弗雷德·谢德尔(Alfred Scheider),即玛丽的舅舅,很喜爱滑冰。他自己膝下无子女,但很爱玛丽和我以及我们的孩子。阿尔弗雷德是马克西—斯林(Max Schling)花店的合伙人,该花店在索威大酒店(Savoy Plaza Hotel)里很出名。他首创了电报送花业务。正是他提出了建立城市之间的送花网络服务。

玛丽的大弟弟沃尔特(Walter),是一名出色的经济学家,于 1995 年 83 岁高龄时退休。他是华盛顿布鲁金斯研究所(Brookings Institute)资历最老的研究员。通过他,我结识了许多在经济学领域颇有想法的人。我的生活因为结识这些人多少有些改变了。

玛丽的小弟弟比尔(Bill)在第二次世界大战中效力于战略服务办公室(Office of Strategic Services,OSS),并屡建功绩。1966 年,比尔和他年轻的妻子为躲避将在长岛上修建的肖哈姆(Shoreham)核电站,前往加利福尼亚州的奇科(Chico)。他们开的那辆雪铁龙车,常常抛锚。在 1966 年 7 月 4 日那周的周末,在比尔从奇科到加州首府萨克拉门托(Sacramento)的路上,他因超速而与另一辆车相撞而死于车祸。他的遗孀，多萝西・萨兰特(Dorothy Salant)至今健在，寡居加州。

## 下一代出生

1934 年我的妻子玛丽和我姐姐都怀孕了。我人生中第一次感到特别无助。虽然，两位准妈妈的怀孕似乎一切顺利，但是我却对两人都很担心，总是提心吊胆的。我在此期间经受了心理和生理上的考验。我变得整天无精打采的，很忧郁。对我而言，那是一段艰难的充满巨大压力的岁月，这种反应持续了好久，直到孩子出生后好几个月才停止。

我们的长女，安娜(Ann)，于 1934 年 7 月 25 日出生了。经过复杂的剖腹产手术后，安娜终于呱呱坠地。在当今一位医术高明的医生眼里，剖腹产不过是一个很平常的手术，是相对安全的过程。但在 1934 年，剖腹产还相当危险。但是玛丽当年才 26 岁，身体健康，故母女得以平安。我马上就爱上了我的女儿。她唯一的问题是对乳糖过敏。她现在是最健康的 63 岁的老人了。

玛丽的难产经历使我更担心我姐姐是否能安全生产。露丝那时已是 43 岁的高龄产妇，比玛丽大 17 岁。跟阿隆结婚 15 年后才意外怀孕。但结果证明是我瞎操心——她生产得相当顺利。8 月 31 日，即我女儿安娜出生 5 周后，露丝顺产生下了一个健康的男婴，取名叫威廉・波特(William Potter)。

我与我的小外甥比利(Billy)关系一直很亲近。他跟他父亲阿隆很像。但是阿隆了解比利的时间太短了，比利才 15 岁时阿隆就去世了。今天比利在路博迈公司工作，我非常高兴有他在我身边。

同我女儿安娜一样，我们的两个儿子，小罗伊(Roy)和吉米(Jimmy),也是剖腹产诞生的。小罗伊 1942 年 11 月 11 日出生,当时小安娜 8 岁。在这中间,玛丽曾流产过。

儿子小罗伊还是一个孩子的时候

吉米生于 1946 年 6 月 15 日,他出生后不久,我们就搬了新家,新家位于纽约东南部的皮克斯基尔(Peekskill)和约克镇(Yorktown)之间的威斯特彻斯特彻斯特县,属于科特兰(Cortland)市管辖区。我买这栋房子是因为它地处优美的环境中,将威斯特彻斯特县及巴豆(Croton)水库的风景尽收眼底。这些年过去了,孩子们仍然很喜爱这栋房子。

纽伯格家的孩子们：吉米、小罗伊和安娜，于20世纪50年代早期

纽伯格一家(除吉米外)。按顺时针顺序(从中起)：罗伊·R.纽伯格，女儿安娜，儿子小罗伊，妻子玛丽

# 第七章

# 创立路博迈公司

哈里—史蒂格里兹公司的合伙人之间总体上都很和善，但我知道我的未来不可能是在这种旧式的、保守的公司里。

我很高兴在那里工作那么长时间，为我积累了无数宝贵的、各种各样的经验。花 10 年时间在一家大型的、多样化的公司里工作对我以后开创自己的公司极其有帮助，尤其对如何应对风险特别有帮助。

离开哈里—史蒂格里兹公司的时候，我做好了跳槽的充分准备。他们提前一年就知道我要离开，但我以很友好的方式告别了公司。

1940 年 12 月 1 日，我和罗伯特·贝内特·伯曼（Robert Bennet Berman）一起打开了路博迈公司的大门。

## 第二次世界大战

路博迈公司开业时就像美国从 20 世纪 30 年代的低迷刚走出来一样。经济大萧条的结束，并非因为经济政策或某种思维的成功，而是因为第二次世界大战。战争一开始，美国很快紧急招募了 1 100 万人参军，动用几百万家国防企业参与制造轮船飞机及其他军械装备，以便打赢战争。

第二次世界大战初期，美国坚持国会于 30 年代制定的中立政策——它不想再加入另一次世界大战了。但是，当英国面临危险并眼看要落入德国手中时，罗斯福总统提议帮助英国人，给英国提供抵御德国的武器及物资。1941 年春天，国会通过了《租借法案》（Lend-Lease Act）。

每个人都知道大战在即。我们创立路博迈公司时，完全知道美国即将参战。法国当时已经沦陷，苏联已经吞并了波罗的海三国，德国当时正在轰炸英国的考文垂（Coventry）军事要地。罗斯福卖了 50 艘驱逐舰给英国，并且签署了《义务兵役法》（Selective Service Act）。

日本人偷袭珍珠港之后,美国正式加入第二次世界大战。虽然那时我年纪太大不能上前线作战,但公司里有几个年轻的合伙人都参军了。

与其他经济的发展一起,我们的生意也因为战争而蓬勃发展起来。我们不仅接下了许多军火方面的客户订单,而且还全盘接下了华尔街上十几个经纪人的生意,他们因为年轻要上前线打仗,把生意全部移交给了我们(战后,我们把这些账户都交还回去了)。

我接手管理的账户中,有一位经纪人很会玩牌。他会时不时地给他自己的投资组合里进账 1 000 美元。他在地球的另一边服役,没法花这些钱,于是我帮他投资这些玩扑克牌赢来的钱。幸运的是,所有我所认识的人都从前线平安归来了。

有一位在第二次世界大战中受伤的朋友许多年后去世了。他叫查尔斯·艾迪(Charles Eddy),个子高高的,令人难以忘怀,他是汉华银行(Chemical Bank)的重要官员。查理(查尔斯·艾迪的昵称)在中东感染上了疟疾。这最终导致他于 20 世纪 50 年代死亡。他是我一生中所遇到的身材最高的人之一,在华尔街上业绩表现超群,工作之余幽默风趣。查理如此之高(超过 2 米),他能吃下几乎所有的东西,喝 3 杯马丁尼酒下肚可以面不改色心不跳。

我也曾试图要参军。但是当美国参战时我已 38 岁,且是 3 个孩子的父亲,所以未被真正征募入伍。我加入了城市巡逻队(City Patrol Corps),一周有几次例行警卫巡逻任务。我们这个巡逻队很重要,因为许多原来的警察都当兵去了,我穿上制服,通过配备手枪的资格考试,但我从来没使用过。城市巡逻队做了许多好事。我记得纽约一次最大的暴风雪,城市巡逻队曾保卫过布鲁克林海军基地(Brooklyn Navy Yard)。

# 公司开业

路博迈公司法律上成立于 1939 年。我把原来在哈里—史蒂格里兹公司的客户全部都带到了新公司,我的顾客们都信任我,相信我会给他们一个公平待遇。

我们的启动总资金为 64 000 美元,其中 39 000 美元用于购买证券交易所的交易席位;另外还需要在银行存相当于 25 000 美元的政府公债,以便于与另一家公司清算交割时使用。

1940～1946 年的头六年里,我们不做自己的银行业务。我们的结算业务都是通过一家很好的公司——法恩斯托克公司(Fahnstock & Company)进行。该公司在巴尔的摩酒店(Biltmore Hotel)有一个分部。我们通过法恩斯托克公司给我们在巴尔的摩酒店里提供一个场所来经营路博迈公司。我们不付租金,但是我们把业务佣金收入的一定比例付给法恩斯托克公司作为租金及清算交割的报酬。例如,我们的佣金收入如果是 10 万美元,我们就可能付给法恩斯托克公司 25 000 美元。我想他们一定很高兴与我们合作,因为短短几年之内,我们的业务量就超过了他们。

公司成立后一个月左右,法恩斯托克关闭了其在巴尔的摩酒店的分部,搬到一个更宽敞的办事处,位于洛克菲勒广场 30 号的一个夹层楼面。我们跟他们一起搬了过去。我很喜欢这个办公地点。在那里工作简直是一种享受。我们在纽约最漂亮的建筑里办公。周围有许多高雅的餐馆,而且每天早上我从家步行到洛克菲勒中心都是一种享受。

我跟法恩斯托克公司一直合作到 1946 年 2 月。在那之前,我们就已扩大到足以开始我们自己的结算交割业务。但我们没有开始那

罗伊·R. 纽伯格，20 世纪 50 年代早期的一张正式标准照(由 Berenice Abbott 拍摄)

么做是因为每次我们雇的负责结算的人后来都被征募去打仗了。当第二次世界大战结束时，我们就开始自己做银行业务，并且把公司搬到华尔街附近百老汇大道 160 号自己的办公室里。两年之后，我们又搬到百老汇大道120号的公正大厦(Equitable Building)里,一直待到1974年才再次搬迁。20世纪40年代,我们没找出要留在市区的理由,所以这次迁到了郊区的第5大道522号。

在路博迈公司的前办公地点,位于百老汇大道120号的会议厅里

我们离开法恩斯托克公司的时候,我必须征得每个账户的书面同意授权才能把基金从法恩斯托克公司转到路博迈公司。每个客户最后都跟随我们转过来了。

## 罗伯特·伯曼

路博迈公司不同于华尔街上其他经纪公司之处在于,我们是一家以人为本的公司。我们不像华尔街上其他公司仅仅只是一个毫无人情味的组织机构。该宗旨从组建公司之初就是如此,到如今依旧如此。我们主要的功能是要成功处理金钱。但是尽管我们已成为一个大型集团,公司的每个员工都彼此熟识,我们一起工作非常愉快。这种对员工的人文关怀使我觉得这是我们公司与其他大部分公司的巨大差别之处。我们这种和谐是我至今引以为傲的许多事之一。

许多年来，我们非常幸运地聘用到了许多杰出的人才。我对他们几乎所有人都充满好感。当然，我并非一直判断完美，但我们同事的素质都异常之高。今天，像以往一样，他们既是我的朋友，又是我的合作伙伴。

在路博迈公司开业之前，我们已经为我新的合作伙伴——罗伯特·贝内特·伯曼——购买了一个证券交易所的席位。伯曼是一个特别聪明、特别勤奋的人，比我小 7 岁，我们是在哈里—史蒂格里兹公司认识的。

在以前的公司里我就对他很了解了。办公室的一些同事把我介绍给他。他当时是从哥伦比亚大学毕业的学生。他上大学期间担任过哥伦比亚大学一支著名常胜赛艇队的队长。在我看来，他的运动才干显示出他在交易所里能应对自如的特征。伯曼一边在为一位证券交易所里有席位的职员工作的时候，一边坚持晚上自学拿到了一个法律学位。他是如此雄心勃勃，同时做着三四份工作。

在那时，在证券交易所大厅里有一个席位比今天更重要。但我对此从来不感兴趣，但是罗伯特·伯曼感到我们在交易所现场有一个位置非常重要。于是他成为大厅经纪人，执行交易指令。今天，股票买卖交易量非常大，大部分交易都要通过经纪人办公室里的计算机处理，而不是在证券交易所大厅里处理。业务量如此之大，你不可能对每一笔小额交易都掌握得一清二楚。如果你得到指令要买 10 万股什么，那是因为客户——或是个人或是机构——希望你能马上执行命令。今天的美国证券交易者协会自动报价系统（National Association of Securities Dealers Automated Quotations System，NASDAQ）跟纽约证券交易所几乎一样庞大。它拥有主流的公司，主要是技术方面的公司，像微软（Microsoft）及英特尔（Intel）等龙头公司都在自动报价系统上柜。

伯曼在交易所大厅里的表现非常成功，在执行指令方面是一个一丝不苟的完美主义者。他也是一个高尔夫球好手——整洁利落，体格强健，精力超常充沛。看到他，你就会觉得他肯定会健康长寿，事业硕果累累。很不幸的是，1954 年 6 月 1 日，罗伯特·伯曼死于白血病，享年 44 岁。40 多年来我们一直在公司的名称里保留着他的名字，我与他的孙子一直保持着联系。他的孙子在摩根士丹利（Morgan Stanley）工作，是一名优秀的证券研究分析员，他开发了一种著名的技术指数，我一直沿用至今。

## 我们的合伙人

当年伯曼和我创立公司的时候另有五位合伙人。有些是老朋友，比如霍华德·李普曼（Howard Lipman），是我的朋友，大厅交易员，他请求一定要加入进来。霍华德很聪明，还是一位不错的雕塑家。事实上，我的公寓里就存有一尊他雕的河马。霍华德与我在艺术上有共同爱好。我是惠特尼美术馆（Whitney Museum）的原始理事，这座美术馆一直陈列的是美国在世艺术家们的作品。1969 年，霍华德接替我的理事职位，并且后来成为惠特尼美术馆的理事长。他的妻子简（Jean）是《美国艺术》杂志（*Art in America*）的编辑，曾是 1976 年在惠特尼美术馆成功举办卡尔德（Calder）的宝马艺术车展的负责人之一。她自身也是一名艺术家，1994 年举办过她的个人画展。他们夫妇俩都富有开拓精神。

回想 1930 年，霍华德和我是当时华尔街上早期的以图表分析证券的分析人。我们在手绘的图表上记录下我们的投资轨迹。我用图表是因为我喜欢视觉呈现，尽管我的图表不如霍华德制作得那么精细、那么有艺术性。

霍华德曾是米尔顿·李普谢(Milton Lipsher)的助手。米尔顿比我们大 5～10 岁,据说是证券交易所里业绩最好的交易员。但是他尚未成名就英年早逝,也是死于白血病。

霍华德·李普曼曾著有一本好手册,名为《听金钱说话》(*Listen to the Money Talk*),由路博迈公司出版。霍华德在公司里的事业发展一直不怎么好,直到 1948 年给公司带来一位名叫阿尔弗莱德·W. 琼斯(Alfred W. Jones)的客户后才改变。琼斯是霍华德在康涅狄格州威尔顿市 (Wilton)的邻居。1935 年,精明的霍华德几乎不花一分钱就买下了威尔顿一大片土地上的一栋 18 世纪的房子(后来成为非常值钱的一块财产)。阿尔弗莱德·琼斯是《财富》杂志(*Fortune*)的撰稿人,人很好。他的妻子玛莉(Mary)也很出色,与我妻子玛丽一起,在妇女城市俱乐部里都很活跃。

阿尔弗莱德·琼斯对套期保值非常着迷。套期保值意味着同时在多头和空头都占据仓位来对付股市下滑。如果你多头与空头两方面都投对了的话,你就发财了。阿尔弗莱德·琼斯还真的都投对了。对于他认为有长期投资价值的股票他就多头长抱,对于那些看起来已涨超的股票他就卖空,简单来说就是如此。但是,其中有许多其他方面的因素决定买空卖空,部分是因为技术原因,部分是因为股市里的人气涨落。

阿尔弗莱德·琼斯最终离开了《财富》,成为一家专门从事套期保值公司的总裁。他那些有钱的朋友们都跟他一起投资,许多年以来,他一直是我办公室里最好的资金户头。

看到 1929 年帮我省钱了的套期保值技术由一个账户变成了专门的公司,而我是高级合伙人,这真是诗情画意般的享受。

除了霍华德·李普曼之外,另外还有几个合伙人,也是从哈里—

史蒂格里兹公司跳槽过来的。他们都是我所知道的忠诚可靠的人，他们的技能和才华都为我所需。其中最重要的人物算是唐纳德·汉恩(Donold Hine)，他是一个“安静的蓝筹股”，性格很好，有点刻板，我与他相处得很好。他从耶鲁大学毕业后，先是成为一名工程师，后来进纽约银行(Bank of New York)工作了 9 年。当我创建公司的时候，他的加盟对我至关重要。他比其他人年长，是最初一批合伙人中唯一一位比我年长的。玛丽和我很喜欢唐纳德·汉恩和他的妻子科迪利亚(Cordelia)。

唐纳德·汉恩的银行经验对后来我们创建共同护卫基金特别重要。他在投资方面对我的帮助比其他原始合伙人都大。

唐纳德年满 65 岁就退休了，在谢尔特岛(Shelter Island)上买了一栋带有 9 英亩地的房子，房子面向格丁纳斯岛(Gardiners Island)。他屋里的一切家具及壁橱都是他亲手做的。当肯尼迪总统被刺的时候，每个人都记得当时自己所在的地方——我当时正在谢尔特岛上的唐纳德·汉恩的家里。

约翰·麦克劳夫林(John Mclaughlin)也是路博迈公司的原始合伙人。伯曼去世后，约翰接替他成为我们的大厅交易员。我们跟他的关系一直不是特别好。他很诚实，这点可以肯定，但他从来没有像我所喜爱的那样出色地执行我们发出的指令。

乔治·戴维斯(George Davis)是另外一位原始合伙人。他个子高挑，英俊潇洒，人特别好。他进耶鲁大学时还有一间套房在那里，因为他父亲是哈里—史蒂格里兹公司的合伙人。

山姆·沃姆泽(Sam Wormser)是我所遇到的最令人愉快的人。他酷爱达特茅斯(Dartmouth)和滑雪。他结婚后就提前退休了，后来搬到达特茅斯附近居住。

查理·西蒙(Charlie Simon)是我的朋友兼同事。他本是所罗门公司(Salomon Firm)鼎盛时期的原始合伙人。那时的所罗门公司由比利·所罗门(Billy Salomon)经营,是一家历史悠久、受人尊敬的公司。查理·西蒙是我所知道的最聪明、最优秀的人之一。回想起来,他在生活小节上却并不总是那么聪明:他过于肥胖了。

所有这些人在一起就形成了我们的路博迈公司。我是主要业务负责人。准确地说,其他人都是我的助手。我最初的同事们都在不同方面各有所长,但他们都无法与我今天的合伙人相比。我现在的合伙人不仅有杰出的人才,而且即使在今天这样竞争非常激烈的股市里,也能极为成功。路博迈现在由卓越的拉里·杰克林(Larry Zicklin)极好地管理着。在他的领导下,公司一如既往地维持着极好的最初高水平的管理——现在它已发展为有 850 人的大公司,负责管理 500 亿美元的资金,占据了曼哈顿市区一栋大厦里的十一层楼面。我现在的合伙人与我合作相当长一段时间了,但是他们中没人认识我的原始合伙人。当你 94 岁时还工作的话,这种事就会发生。

我们有一个俱乐部是专为那些在公司工作 25 年以上的人设立的。该俱乐部每年都有一次聚会,每次都有大约 10 位左右的新成员加入。聚会上我们会追忆过去一年里逝去的俱乐部成员。当然了,我是俱乐部里唯一有 57 年资历的会员。

## 计算机问世

当初我进入华尔街的时候,还没有计算机这种东西。所有证券交易记录都由人工抄录完成。当时我作为一家经纪公司的职员,在 1929 年大恐慌时期要为每笔交易写出报告。1929 年 10 月,股市中巨大的交易量使得我在华尔街股市崩溃的那段时间里,每晚都工作到深夜。

在路博迈公司,我们率先使用计算机。我把这归功于我慧眼挑选的合伙人,他们很明智地提前看到计算机的发展趋势并将成为一种必需。

我们于1967年购入了第一台计算机,那是一台IBM巨型机,一台运行极慢的庞然大物。它花费了我们150万美元,需要在地板下铺一大堆网络线路才能安装好,需要60人维护其运行。我们把它放在位于120号单独的一间办公室里,距离主办公室两个街区远。尽管有这么多缺点,计算机还是比手工强。这台计算机帮助我们在华尔街上生存下来并渡过难关。1970年曾有五家前十名的大经纪公司倒闭,其中一部分原因是它们无法跟上庞大的交易量。它们都是很好的公司。许多优秀的小公司也倒闭了。但是路博迈公司却生存下来了,并且生意兴隆。

几年前我们花35万美元买下了一台大型主机(Mainframe Computer),可以一天24小时在一间小屋里不停运行。当然,现在我们办公室里每张办公桌上都有一台个人电脑(PC机)。

每天早上,我到办公室里第一件事就是打开计算机。一天中大部分时间我都盯着电脑屏幕看大盘走势。一天中我做的许多决定都基于我从电脑里得到的信息。

在写这本回忆录期间,我有时不得不关掉电脑以便专注于写书。有时候很难一直关着计算机。像许多美国人一样,我后来变得对计算机上瘾了。

每天计算机运行结果都送到我桌面上,告诉我每个账户的一切详情。这包括我自己的账户和我为家人购买的账户——我子女的账户及纽伯格基金(Neuberger Foundation)账户、我主要的慈善捐赠的资金等。许多时候,计算机提供的比我需要知道的要多,常比我需要知道的要勤。这就是现代华尔街的一部分,科技使金融业产生革命。

我认为有几千万美国工人被计算机取代，统计显示，这些人中大部分另谋出路，如果你相信统计数字的话。

一位来自中国香港的人曾告诉我，我们人的大脑内部不过是电脑加上一个仓库。我猜今天应该称为电脑加CD -ROM贮存器。

## 经济学

随着路博迈公司的扩大，我把从学校和朋友那里学来的经济知识好好地应用了一番。我在股市里站稳脚跟之后，回到纽约大学充电，选修了马科斯·纳德勒(Marcus Nadler)教授的课，他在20世纪30年代和40年代教了华尔街许多年轻人。我对经济学感兴趣，不只是当它为一种智力练习，而是作为一种可以使我全身心地投入其中的学科。我真正意识到我的岳父是正确的——经济学是应该掌握的、最重要的学科之一。

离开校园很长时间之后，我最终意识到大学课程的价值，因为这些课程与我的工作相关。今天，纽约大学似乎认为我曾到该校获得过学位毕业，但我相信我没有。但是他们把我当作校友，这点我可以接受。

马科斯·纳德勒对股市有深刻的研究，虽然他本人并不是一个富翁。他教我们如何思考。他是第一位让我对联邦储备系统感兴趣的人。他说，激活市场最重要的要素就是投资和投机的资金的供应。从商数十年后，回想他当年的评论，我可以明确地肯定，他的话一语中的。

我跟马科斯·纳德勒交情非常好，非常享受有他陪伴的那些日子。经济学对有些人来说是“沉闷的科学”(Dismal Science)，但是我发现经济学学者及从业人士一点都不沉闷。在我事业早期，除了艺术界的朋友外,我开始发展同许多著名的经济学家的友谊。我尤其喜爱埃米尔·德普雷(Emile Despres),他哈佛毕业,后来成为我最亲密的朋友之一。我最初遇见他是通过玛丽的弟弟比尔。德普雷曾来参加我们的婚礼。他在经济学领域的地位非常高,与迈耶·夏皮罗在艺术界的地位可堪一比,不相上下。德普雷的头脑相当聪明。在第二次世界大战期间,他在战略服务处工作,战略服务处是中央情报局(Central Intelligence Agency,CIA)的前身。第二次世界大战后,他返回学术界,在斯坦福大学经济系及威廉姆斯学院(Williams College)任系主任,后来被授予荣誉学位。我非常喜欢他,很尊敬且仰慕他。

## 华尔街传奇

随着我们公司在第二次世界大战中及战后的发展壮大,我欣然认为,我有华尔街需要的恰当素质和个人潜能。我在现实的世界里混得不错,但我也怀有浪漫主义情怀。我认为华尔街比蒙特卡罗的赌场还要传奇。

华尔街比蒙特卡罗更充满挑战、充满趣味。数学上的概率在股市里绝对是奇妙无比的。加上我喜欢研究各家公司,喜欢研究人。

我总是相信工作不会枯燥乏味。相反,工作应该是充满刺激而且有趣。无论你在哪里工作,你应该每天快乐。我试着与我的合作人及我们所有员工分享这种观念。我们公司之所以繁荣壮大,而周围其他更老、更大的公司之所以衰亡,部分原因是:我们公司是一个巨大的、和谐的团队,我们热爱我们的工作,热爱我们的同事。

# 第八章

# 护卫:共同基金问世

## 共同基金的起源

共同基金(Mutual Funds)是由19世纪在苏格兰很流行的投资信托演变而来的,那时在英格兰及荷兰只是小规模存在。虽然苏格兰相对较小且人口稀少,但在金融发展的许多方面都领先美国。早期的共同基金是由一群投资者汇集他们的资金去冒险投资那种需要比他们任何人手里的钱都多的大型项目。

在美国内战以后,欧洲的投资者们联合起来组成基金,提供美国向西部扩张时的铁路及农场的按揭贷款。这些基金与今天的共同基金目标相同,即它们都是通过投资成长的赚钱的生意,为股东们赚钱。

刚开始,这些基金大部分为封闭型基金,不是真正的共同基金。如果投资人想要卖掉他的股份,他不能卖回给基金,他必须卖给基金投资者之外的第三者。

我所知道的第一个美国共同基金是1924年成立的马萨诸塞投资信托(Massachusetts Investment Trust)。该基金的简章是建立在早期苏格兰信托基金的基础上的,但有一些重大差别。它是一个开放型的基金,没有限定投资人数。该基金可以发行给任何想要买的人,投资者想卖时基金可以赎回。

最大的早期共同基金之一是三洲共同基金(Tri-Continental)。它现在已经价值几十亿美元了。它在路博迈公司的护卫共同基金(Guardian Mutual Fund)之前很久就存在了。另一个叫施利格曼(Seligman)基金。三洲共同基金和施利格曼基金都打折销售,吸收爱占便宜的人,但随着时间推移,它们没有我们的护卫基金做得好。

共同基金因为受经济大萧条的影响,最初增长很慢。封闭型信托基金在20世纪20年代至30年代很时兴。但是一旦共同基金接过手,封闭型信托基金就基本上变成明日黄花,风光不再。它们依旧上市交易,但是新的封闭型信托基金只局限于专门领域。开放型基金因其更强的流动性,被视为更加明智的投资渠道。

## 护卫共同基金的开端

到1950年,我确信共同基金是一种很明智的投资。它把许多人的钱合并起来成立一个基金,使得小型的投资者能拥有各种各样的大型公司的投资组合。但共同基金也有一个缺点,那也是我很不满意的一点,即共同基金从开始就收取8.5%的手续费。这意味着在投资者还未开始购买第一只股票的时候,他的1美元就减少到了91美分。这使我很难获得投资者的信任,从而鼓励他们投资。

我仔细地分析了先收手续费的做法,认为这是一个错误。我认为唯一可以解释收取高达8.5%的手续费的原因就是贪婪。这笔手续费不是付给基金经营者及决策者的,而是付给基金销售者的。这时候我已有足够坚实的市场经验来相信我自己的判断,并采取相应的行动。

我是一个理想主义者,我通常不喜欢接受所谓的传统智慧。我非常尊重长者和前辈,但是我早就觉得我的同行们做法不一定就很好。如果我1929年跟随传统的智慧,那么我就会买进美国无线电公司的股票而不是卖空它。如果那样做的话,我就会跟别人一样被血洗一空。

于是,我认为应该设立一种基金,它收取费用是因为它经营有方,为投资者赚了钱,而不是开始在大门口就收取昂贵的费用。我想设立一种无佣金基金(No-load Fund),即一种共同基金,但不预先收取手续费。我坚信这种基金会迅速成长,因为我们会拿投资者的钱好好管理、好好投资。我们会在后来的时间里逐渐收取投资顾问费和必要的手续费。

据我所知,这种基金以前没有人做过。我在纽约寻求律师的帮助来设立这种基金,结果一无所获。最后,有人告诉我,波士顿的律师对这种事情很有经验,于是我和伯曼于 1950 年冬天乘坐火车去波士顿,咨询了好几家律师事务所。我们在波士顿找到了对共同基金业务经验丰富的律师,在他们的推荐下,我们同纽约的米尔银行(Milbank)一起,创立了一种我构想中的无佣金基金。

正如我所料,米尔银行在共同基金上毫无经验。多年来,从米尔银行派来的年轻人会来我办公室参加会议,但一言不发,因为他几乎不懂。我们也不太懂,但是我们知道如何管理资金。

1950 年 6 月 1 日,护卫共同基金正式成立。我们给客户和每个我们认识的人都发出简介,强调这只基金没有 8.5%的佣金。我们希望护卫基金能被大家广而告之。然而我们第一次发行广告,我们太天真了,销售人员没有动力推销我们的护卫基金,因为他们不会因此拿到钱。

最后,人们口头传开了护卫基金的确是一种明智的投资方式。但一开始,基金的成长步履艰难。我们推销出去了不少,大部分都是卖给那些有许多顾客的合作人,尤其是菲利浦·施特劳斯(Philip Straus)和我自己。我们给小型账户客户推荐护卫基金,因为小型客户购买的是与大型客户一样的股票,提高了抗风险能力。

我们前卫的无佣金基金注册资金是 15 万美元。只用了几年时间,基金的市值就增加到 100 万美元。到 1976 年底,当基金达到 7 400 万美元时,我们收到交易指令的每笔投资交易额达到 25 万美元,甚至有好几笔超过 100 万美元。那年我们付的股息达到 480 万美元,其中有320万美元又被重新投入基金。到1993年,护卫基金价值达到16亿美元。

## 今日的护卫基金

截至1997年7月,路博迈公司的护卫共同基金价值已达80亿美元。我们的基金增长如此迅速令我感到有些惊讶。虽然我知道护卫基金会成功,但我根本没料到无佣金基金会占据比传统型共同基金更大的市场份额。

无佣金基金改变了整个工业界。我们发明的这种投资形式开始看来似乎不成功,但今天已占据市场上最大的份额。实际上,正是这些巨额资金推动了当前牛市。

护卫基金和我们经营的其他共同基金都在大力投资。总体上共同基金平均将93%的资金投入市场,7%保留现金。

我们的护卫基金的长期记录非常乐观。如果人们在20世纪50年代投资少量资金买入共同基金并长期持有不放,到现在就真的是发大财了。一位替我看管威斯特彻斯特县房子的工人,1947年开始来为我工作时,购买了不到5 000美元的基金。他原本还想投资更多,可是他妻子非常保守,阻止了他。但投资基金使他们已经买了一栋退休后要住的房子。(他选择继续为我看家是因为他喜欢我在乡村的那栋房子。)他和其他护卫基金投资人都赚到了将近13%的复合利息,这在投资中是相当高的回报了。

这位看房工人的妻子不是唯一一个怀疑我们基金的人。我有一位乡村女按摩师,班内特太太(Mrs Bennett),她曾买过一些护卫基金的份额。她丈夫在纽约中央铁路工作,对此坚决反对。他认为这种投资很荒谬。

甚至在我自己公司里都有怀疑者,但是人数相对要少。我的合伙人菲利浦·施特劳斯是我坚定的支持者。阿兰·罗森索(Alan Rosenthal)也一样很支持。他有自己的公司,并且把许多他的好朋友介绍到护卫基金中来,许多年来进行相当多的投资。他自己一分钱介绍费都不要,他介绍朋友来只是因为坚信这是适合他朋友们的投资方式。他对我充满了信心。

护卫基金是我的孩子。它基本上是靠我一个人在操作。我有28年多时间担任其总经理,护卫基金占据我们相当多的业务量。回首过去,成为护卫基金的第一任总经理是我工作的艺术,是我特别引以为自豪的、能做出的贡献。

护卫基金的成功为我们后来投资养老金包括柯达公司(Kodak)养老金的投资方面,提供了优秀的教材。今天,年轻人已接手管理护卫基金公司。两个人在共同管理它——管理得非常好,这点我很乐意指出。护卫基金公司被公认为表现出色。

## 护卫基金的投资哲学

我的投资决策建立在许多重要因素上,但最重要的是建立在收益、账面价值、财务状况、股息红利和管理质量上。作为一个靠创收来成长的基金,我也注意政府公债。

在大盘长期上涨之后,我常倾向于保守。我在经营共同基金的时候也采取同样的方式。在护卫基金方面,我抛出其他涨幅更高的股票转而购回美国电报电话公司股票,结果大赚一笔。

1950年,即我们开始经营护卫基金时,华尔街的惯例是维护平衡的基金。平衡指的是持有约33%～50%的普通股,另外50%～67%为AAA级债券和政府公债。政府公债1950年收益率为

2.63%。有些备受尊敬的人把绝大部分的钱拿去投资政府公债了。那是当时社会和股市与今日不同之处。

从一开始,我们就大力依靠普通股。平均股票随市场起伏而起伏。有时涨幅超过大盘涨幅,有时滞后于大盘。我花了大量时间寻找那些涨幅是大盘的 2 倍或 5 倍的公司。当我找到符合标准的公司后,就大量投资买进这些公司的股票。

20 世纪 50 年代,大盘涨停,我们进入牛市。我们倾向于购买那些有特许经营权(Franchises)且管理良好的公司。我们喜欢相对大型的公司,虽然与今天比起来,它们相对小多了。我努力像管理我自己的账户那样管理护卫基金投资者们的账户。我这么做是学彼得·林奇(Peter Lynch)的投资哲学。彼得·林奇是当时最大的基金——麦哲伦基金(Magellan)的著名管理者。

护卫基金早年以超越大盘而又不胡乱冒险著称。它的名声是有性格的,被公认为是投资工具而不是赌博工具。赢得这样的声誉,是经历了许多年的长期努力的。它成功达到了当初我们为它命名时的预期目标。

## 盈利颇丰

1958 年夏天,我彻底研究了美国电报电话公司连同华尔街历史上最大的一次债券发行——发行 10 亿美元可转换为美国电报电话公司的普通股并且是无溢价发行。通常,被称为"热门发行"(Hot Issue)的股票证券都是溢价发行。这次发行没有被认为是热门发行,一下子很难卖掉 10 亿美元的债券,所以才可以与普通股完全相同的价格买到。那批债券发行时,售价是每股 125.625 美元。

我认为这是一次千载难逢的机会。这也是我一生中少有的几次，为我的客户付保证金购买债券并且是大规模买进。这次债券级别被定为AAA，由一家我所尊崇的公司发行，该公司生产的是生活必需品，并且我认为这家公司是全美国最好的公司。于是我实行杠杆操作。我们买了总发行量的4%，这对于当时的路博迈这种小公司来说是相当大的数额。

护卫基金在美国电报电话公司中占有非常大的份额且达数月之久。这只股票于秋天开始上涨。次年，其上涨利润大幅超越大盘。此后每股被分为5股。我的有些客户身价从10万美元一跃成为百万富翁。如果我把那些股票持有到现在的话，它会以更多的利润超越大盘，因其副产品而赚钱更多。我根本不知道它们会衍生出7个子公司(Baby Bells)来。但我对美国电报电话公司一直看好。许多年来，我们持有的美国电报电话比例比别的股票比例都要大。

因为我坚信多样化投资(Diversification)的安全性及高利润，在美国电报电话公司股价攀升之后，我觉得我们持有的这种股票太多了。1959年，我卖掉了一些我们的投机仓位，寻找一种新型资源，即一种表现会超越大盘的股票。1960年春天，我们找到了小少女橙汁公司(Minute Maid)。

小少女那时市价是15～16美元，每股盈利约为3美元。我们认为小少女公司生产的是一种好产品，一种健康食品。这是一种批发橙汁的方式。我为每个人都买了小少女——包括个人账户客户和护卫基金的客户。我并不知道将要发生什么事会使其股价上涨，我只相信那是一家实实在在牢固的公司。

那年夏天，小少女公司的主管和勒布罗兹公司(Loeb Rhoades)的第二号人物阿曼德·厄普夫(Armand Erpf)来找我共进午餐。他们来见我是因为我们持有巨额小少女的股票。我们是最大的股东，比银行持有的该公司股票都要多。午餐期间，没有一句话提到9月将要发生的事:小少女被可口可乐公司(Coca-Cola)接管。

1960 年 9 月 20 日,收购一事宣布不久,我接到来自小少女公司主席的电话。“纽伯格先生,”他说,“我希望你会同意这笔交易,因为如果你反对的话,交易就会流产。”由此可见,当时我们持有小少女的股份有多少。

我对此没有迅速决定。玛丽和我正与朋友阿兰·罗森索准备出国长途旅行。阿兰也是护卫基金董事会成员,他的妻子叫雷诺尔(Lenore)。那晚我们正准备飞去西班牙马德里(Madrid)与他们夫妇会合。

“无论如何,”我说,“我们都会支持这次交易。”我们真的同意了。

接着我犯了我在华尔街上最大的一个错误——我失去了一次大好机会。我错误诊断了这家潜在的巨大公司——可口可乐公司——因为我知道它与百事可乐(Pepsi)及其他软饮料公司之间有白热化的竞争。我根本没有把它认真当作一家快速成长的公司看待——就像美国电报电话公司一样的成长公司。

我坦白地承认,在华尔街上你不可能总是正确。我观察可口可乐公司潜力的视觉被误导了,我永远都不应该卖掉它的。我想大部分炒股的老手都有一些像这样的遗憾。

当然,有些投资者一旦作了一个决定买了某只股票就终生持有它。例如,沃伦·巴菲特,他在可口可乐上选择正确,事实证明,此举令他非常成功。华尔街上此类成功,尤其是像巴菲特这样令人尊敬的名人的成功,会被广为传诵,以致进一步影响到股价的走势。当然我们也应该努力负责报告事物的相反面——这样才能全面看待问题。坦白地说,我不相信坚守一个决定终生不变,最终会是一个好主意。正如著名职业棒球教练尤吉·贝拉(Yogi Berra) 曾说的那样,比赛不到最后,永远不算真正结束(It’s not over till it’s over)。

# 护卫基金公司董事会

我们为护卫基金公司创造了一个令人羡慕的董事会。其大部分成员是熟人及业内朋友,这些人都是我认为非常聪明的,在他们各自的领域都是专家。他们会把自己专业技能与我们创立的这种新生事物结合起来。

在我指定的董事会中有几位杰出的经济学家,其中一位是我的好朋友埃米尔·德普雷。其他董事会成员与我一样爱戴他。埃米尔没有发表许多论著,所以他没有其他同行那么著名。但是我相信他会比当今许多领袖级经济学家更加出色。

在第一次董事会的会议上,埃米尔给了我一些建议,可惜我没有采纳。他建议我们应该拿基金的100%去买普通股以使护卫基金完全投资。如果我当时听从了他的建议,那么护卫基金的历史将会改变,已经被认为很成功的护卫基金将更加成功。但是1950年的气氛非常不同。例如,摩根银行(Morgan Guaranty)就在政府债券上投入了66%的资金。当时流行的思路在普通股票上的投资都比较保守。

另一位董事会成员伊曼纽尔·皮奥里(Emmanuel Piore),早年是IBM公司研究部的主管。他能以科学家和物理学家的身份来帮助我。他在20世纪50年代董事会上发言探讨技术世界,这让我们都受益匪浅。最终,IBM公司决定,因为有许多基金都持有IBM公司的股票,而伊曼纽尔只给我们一家当顾问让我们基金受益,是不公平的。于是他只好黯然离开董事会。

另一位董事会成员叫史蒂夫·奥斯忒威斯(Steve Osterweis),是位于匹茨堡的吉姆贝尔斯(Gimbels)百货公司的总裁,后来是该公司主管之一。他也曾任护卫基金的主管之一,直到他所在的公司因为利益的关系要求他从护卫基金辞职。史蒂夫是一位杰出的零售业专家,他为我们提供了大量信息,让我们对庞大的零售业保持了动态的了解。

我个人亲密的朋友,塞思·吉里肯赫斯(Seth Glickenhaus),比我小10岁,在我们董事会里担任多年董事,后来才改行。1958年他列席董事会,在美国电报电话公司上发了一大笔财。他于次年卖掉手里的股票,决定转向医学研究。念了几年医学预科课程以后,他被医学院录取,开始学医,但最后他又决定重返华尔街。我建议他在证券交易市场买一个席位做全职经纪人。他照我的话去做了,结果非常成功。我们直到今天都是亲密的朋友。

塞思在利息及其对股票及债券的影响方面有着极其专业的透彻了解。这对我们帮助很大。他离开董事会以后,艾伦·格鲁博(Alan Gruber),接替他成为我们的利息顾问。艾伦是一家迅猛成长的保险公司——猎户资本(Orion Capital)公司精明能干的主席。艾伦知识渊博,他在利率方面尤其懂行。

赫尔曼·杰维斯(Herman Jervis)也是董事会成员之一。他是我通过道德文化协会认识的。他在道德文化学校念书,成为律师,后来成为地产大亨艾尔·宾(Al Bing)的女婿。他的加盟使我们不断增长的知识库里又增加了地产知识。

我的合伙人菲利浦·施特劳斯也是董事。他比我小11岁,非常能干。在护卫基金成立早期,他对我的帮助最大。

我们董事会的所有成员都智力超群、德才兼备。每个人各有专长,在不同领域都是专家。我们非常谨慎地选择了他们。

有一位朋友我没问他是否愿意加入董事会,虽然他会是一个有趣的成员。这人就是迈耶·夏皮罗,他曾与我一起住在巴黎,是一位伟大的艺术史学家。迈耶是极好的人,同时也是一位杰出的学者,但他对生意一窍不通,而他的兄弟莫里斯(Morris)却懂。我那时还不认识莫里斯,否则我可能也会请他加入董事会。

虽然28年来一直是我在“护卫”最终拍板,但是这些主管们提供的知识和切合实际的建议使我能够做出正确决策,让业务按正常轨道顺利前进。

## T.罗威·普莱斯

我们开创护卫基金时,以为我们首创了无佣金基金。许多年以后,我才知道路博迈公司并非独家,当时也有别的人有类似的想法。我们和其他人发展无佣金基金,就仿佛科学家们在不同的实验室里工作,然后殊途同归得到几乎相同的结论和发现。我的朋友迈耶·夏皮罗发现在艺术中也有同样的规律。在古代,同样的主题也会出现在不同的两个文化中,而这两个文化之间相隔千里之遥,毫不相干。我记得他特别指出有两座马的雕塑,它们的腿都不约而同地以不可思议的方式向前及向后伸出。

当时有2～3只其他无佣金的共同基金,现在都已不存在了。但那时,有一只叫T. 罗威·普莱斯基金(T. Rowe Price Fund),现在还在。普莱斯不仅与我同样构想出无佣金基金,而且他还比我更注重这个领域,他当时的观念可能已经对工业界产生更大的影响。

普莱斯的同伴们(Associates)都不是经纪人(Broker),而是拥有大户头的投资顾问。设立一个共同基金是照看许多小型户头的方式。他们的关注点与我们类似。小型客户需要他们的服务,但是缺乏资金难以受益于必要的多元化投资而成功。

普莱斯做得很成功。在20世纪60年代末,曾有一次成长股狂潮,普莱斯成长基金(T. Rowe Price Growth Fund)卖得非常畅销。

那时甚至有“漂亮的五十”(Nifty Fifty)概念股,包括像雅芳公司(Avon)及宝丽莱公司(Polaroid)之类的股票,因为许多这类股票卖到市盈率达 50 倍的价格。接着 1973～1974 年的熊市到来。股票价格一落千丈,罗威·普莱斯连续四年无法派发股本红利。

## 封闭型投资信托公司

许多年来,我为护卫基金和我自己都购买了相当多数量的封闭型投资信托基金。这种信托基金与共同基金管理非常类似,但是它们的股票是在证券交易所竞价销售的。

有时候,这些基金以超出净资产值溢价销售。其他时候,例如,20 世纪 70 年代中叶,它们大幅折价销售。表面上看起来,折价销售似乎很便宜。

市场上最大的封闭型信托是三洲基金,以折扣净资产值 18%销售。我一直纳闷为何它们不改为开放型基金(Open-ended)。改型的话,它的价值于昼夜之间就会猛增。

我自身也是这类基金的投资者,我投资夏威夷全球环境基金(Hawaiian Global Environmental Fund),当时折价为 21%。我有一个很聪明的合伙人研究了这个投资组合,然后我就买了 5 万股。

这些信托基金如此大幅打折的原因是多方面的。有时候是因为这些基金投资过于保守。我知道有一例就是因为其经理太谨慎而导致其业绩不理想。那个经理人非常聪明,也是华尔街上最好的人之一。我告诉他我对他投资做法的看法,他表示同意。另一个原因——也许是真正的原因——就是基金经理不喜欢推荐他们竞争对手的证券。

当我成为专业人士能够判断形势之后,经过好几年研究,我认为，有时候，有些封闭型投资信托基金比它们各自持有的证券更值得投资。

有一个封闭型基金几年前打折 33%。我们大力买进，出席了其股东年会。我们取得了那家公司的控制权，将其改为开放型基金。我们保留了原来的经理。

我也投资了某种高度专业化的封闭型投资基金，为护卫基金也为自己的利益投资。例如，日本基金(Japan Fund)就以折价方式在日本市场上报价。华尔街的专业人员个人很难追随如此之多的日本公司。有时，日本基金的表现比日本道琼斯指数所显示的要更加优秀。

1969 年日本基金在美国股市下跌的情形下上涨。我以每股 20 美元买进，为自己和护卫基金都买得满仓。后来这些股票攀升至每股 50 美元。

## 为小额投资人服务

路博迈公司现在发展为一个共同基金家庭，每天的报纸上有它们的报价。我同时为 4 只基金担任主席，但我个人只管理护卫基金。

焦点基金(FOCUS)前身为能源基金(Energy Fund)，由护卫基金经理们管理，比护卫基金规模小得多。我的一个合伙人，唐纳德·萨缪尔(Donald Samuel)负责管理能源基金。他管理得非常好。1970 年我们接管另一家公司的时候得到这个基金。能源基金的旧规定要求持有大比例的能源证券。但是，我们发现，他们承受了 10 年的熊市之苦的原因，就在于因为它标志为能源专业基金。我们决定将其改建为焦点基金，其操作规则是：投资者如果喜欢投资能源，他们可以买能源证券，但是他们可以不局限于能源方面的证券。

路博迈合伙人基金(Neuberger & Berman Partners Fund)——也是我们共同基金家庭中的一员——来自政府。它最初由另一家称为边缘基金(Side Fund)的公司管理,管理得非常不好。于是政府接管了几年,把其投资变为大量的政府债券。然后,有几家公司竞标要求管理这只基金。我们中标,并将其改名为合伙人基金。现在它价值约30亿美元,由迈克尔·卡森(Michael Kassen)管理,在此之前,迈克尔任职于世界上最大的共同基金——富达基金(Fidelity)。

早期共同基金因为佣金打折,所以公司的盈利不是很多。但是,投资者只需付很低的成本,就可以买进基金的配额,这对他们是很有好处的。

然而,护卫基金获得巨大的成功,我相信我们对社会服务做出了重要深远的贡献。建立这么多年来,它每年都支付了资本红利。我坚信护卫基金至少还可以再繁荣100年。

第九章

# 艺术收藏之花盛开

# 实现梦想

尽管 1929 年我从巴黎归来时是一个强烈的艺术爱好者,但因为我一直忙于生活上的琐事,艺术收藏迟迟没有开始。首先,我要找一份工作;我进入华尔街工作之后,遇到了玛丽;于是又忙于结婚;接着孩子们相继出生,我又要养家糊口。

但是我不断地辛勤工作,我的工资也逐年增加,即使在最困难的经济大萧条的时候,我的工资也在增长。一路上我有些愉快地发现:我闯进华尔街的结果成为十分精彩的人生历练,令我特别快乐的是,我似乎很自然地适应了华尔街的生活。

罗伊平生有两大嗜好:艺术与金融。此图为他于 20 世纪 50 年代审核油画

我对视觉艺术的兴趣与以前一样强烈,但是我从巴黎回来七八年之后,才可以开始认真收藏。开始时收藏速度很慢,不久,我就购

买了相当质量和数量的画。今天,我的收藏品遍布于我在纽约的公寓、在乡村的别墅及美国 24 个州里的 70 个机构的办公室,其中包括一个珍宝馆和一个专门用来展示我最大部分收藏品的艺术馆——纽约州立大学珀切斯学院校园里的纽伯格美术馆。

## 邓肯·菲利普斯的影响

从 1929 年我第一次遇见菲利普斯起,我就强烈受这位杰出的老人影响。菲利普斯是华盛顿特区菲利普斯美术馆(Phillips Gallery)的馆长。如果有人是我艺术世界里的导师的话,这个人就是邓肯·菲利普斯(Duncan Phillips)。

我第一次参观菲利普斯美术馆是在 1929 年 10 月华尔街的大恐慌后不久。当时一个朋友从巴黎来,请我到华盛顿过感恩节。那时,在纽约的现代艺术是一片荒芜的景象。现代艺术馆(Museum of Modern Art)还没有落成。那时没有惠特尼美术馆,也没有古根汉美术馆(Guggenheim),只有纽约大都会博物馆在那里孤苦伶仃地支撑着现代艺术的大局。

在华盛顿,艺术所处的状况更差。虽然有一座柯克兰美术馆(Corcoran Gallery)位于一栋高雅的建筑里,但是其收藏十分沉闷无趣。那时既没有国家美术馆(National Gallery),也没有东方展区(East Wing)。在首都华盛顿枯燥的艺术参观之后,想吃一顿饭解乏都不行。除了在威勒大酒店(Willard Hotel)的高级牛排餐馆和波多马克岛(Potomac)上的赫尔佐克(Herzog)鱼餐厅之外,在整个华盛顿居然都难以找到一家像样的餐馆吃顿饭。

但是华盛顿的确有一座菲利普斯美术馆,遇见它就如找到了文化沙漠里的绿洲。在菲利普斯美术馆,我不仅看到许多曾经让我在巴黎心潮澎湃的印象派作品，还看到了美国当代艺术家的作品。该美术馆里还陈列了一些过去的油画真迹，这足以说明艺术是有历史影响力的，也足以展示艺术在风格和品位上的历史变迁。菲利普斯的收藏包括一幅道米尔(Daumier)的重要作品——《起义》(*The Uprising*)，还有一幅杰出的雷诺尔(Renoir)的真迹——《船上聚会》(*The Boating Party*)。

虽然邓肯·菲利普斯比我年长几岁，但是我们之间一直保持着亲密的关系。1955年，他在菲利普斯美术馆展出了我收藏的50幅油画。他说我是唯一一位与他的收藏品味相似的人。再后来他提议帮助我筹建纽伯格美术馆。

## 开始我的收藏

大约进入华尔街七八年之后，我开始收藏艺术，最初非常小心谨慎。我购买最早的作品是一幅农村风光——盖伊·麦科伊(Guy Maccoy)所画的《二月的食物》(*February Feeding*)，盖伊·麦科伊1904年生于堪萨斯州(Kansas)，比我小1岁。这幅画不被认为是一幅伟大的作品，但对于新收藏者来说也是一个不错的选择。

我收藏的第一幅重要作品是彼得·赫德(Petter Hurd)的《平原男孩》(*Boy from the Plains*)。这幅画是简单构图与优美画面的综合体。我于1939年从一位和善可爱的科尼利厄斯·苏利文夫人(Mrs. Cornelius Sullivan)手中购得。苏利文夫人是现代艺术馆的奠基人之一，她与艾比·阿尔德里希·洛克菲勒(Abby Aldrich Rockefeller)、伟大的收藏家莉莉·布里斯(Lily Bliss)及康格·古德伊尔(Conger Goodyear)等人一起创立了现代艺术馆。苏利文夫人的丈夫曾是一位富有的律师，他在股市大崩溃的时候赔了钱，她被迫进入职场开办画廊。

我认为彼得·赫德是一位优秀的写实主义画家,但我不会把他划归主流现实主义画家的行列。有些人认为赫德与他的内弟安德鲁·维斯(Andrew Wyeth)同样出色。赫德以色胶作画并影响到维斯也用色胶。《平原男孩》在我家陈列了许多年,因为我夫人很喜欢它。现在它悬挂于我女儿在圣达菲的家中。这幅画还有一点对我很重要——它促成了我与纳尔逊·洛克菲勒的第一次会面。

纳尔逊·洛克菲勒像他母亲一样,与美国现代艺术馆(MOMA)有很深的渊源。我在第二次世界大战前见过他,当时他正奉富兰克林·罗斯福总统的命令筹备一次南美的巡回展览。罗斯福总统想借此次美国画家巡回展,与南美洲的国家拉近关系。纳尔逊·洛克菲勒因为其新泽西标准石油在委内瑞拉和哥伦比亚两国都有投资,对南美地区很熟悉。我则被要求借这幅《平原男孩》给这次展出。这是我收藏的作品第一次被借出去参加巡回展。

我时常在周六下午与洛克菲勒在各种美术馆里邂逅。他常常与现代艺术馆的董事长阿尔弗雷德·巴尔(Alfred Barr)及馆长多萝西·米勒(Dorothy Miller)在一起。许多年后,当我再次遇见洛克菲勒时,他似乎对我了解更多了,他从他的现代艺术馆的朋友们那里知道了我的收藏。洛克菲勒在成为美国副总统之前曾四次当选为纽约州的州长。他对现代艺术有浓厚的兴趣,他本人也收藏了大量现代艺术,大部分都存放于纽约州的首府阿尔巴尼(Albany)。1996 年纽伯格美术馆里曾展出了他收藏的画。

20 世纪 30 年代后期,我收藏得很缓慢、很谨慎。但每一年,我的收藏都比前一年要多。1941 年我成为一个成熟的收藏家,开始加速买进。我买的大部分作品当时都称为先锋派作品,虽然今天,它们都被高度誉为当代艺术品。

# 收藏米尔顿·艾维利

我对米尔顿的喜爱可追溯到 1940 年，即买他的画《棋盘》(*Checker Board*)的时候。三年之后，去米尔顿及其夫人萨丽(Sally)家拜访他们的时候，我又买了他一幅最重要的作品之一——《风景》(*Gaspe Landscape*)。我对这幅画非常喜爱，一直把它悬挂在我的公寓里。

我与艾维利夫妇非常熟悉。萨丽是一个非凡的、绝顶聪明的人。她不仅是米尔顿·艾维利的妻子，而且是他最好的朋友。她对他的才能坚信不疑，并全身心努力帮助他获得他如今在 20 世纪艺术家里的重要地位。艾维利是美国画家，他 1952 年 67 岁时才访问法国。我相信那是他唯一一次法国之旅，但是他却有一种 20 世纪法国的风格——一种我所尊崇的 20 世纪法国艺术家的高雅品位。美国的艺术更多的是粗糙，而米尔顿的画却没有粗糙，除了一幅他的自画像。尽管我偏爱法国的风格，我还是对他的那幅自画像非常喜爱，这幅画依旧是挂在我的公寓里。每天我去上班之前，都要看看这幅画。

米尔顿·艾维利对艺术的长足贡献是他喜爱简洁。那就是抽象的关键所在。当然米尔顿的构图和色彩的感觉也是无懈可击的。

我的收藏中有 95%购自经销商，但《风景》却是一个例外。我从著名的中间商贝蒂·帕森(Betty Parsons)处购买杰克逊·波洛克的《第 8 号，1949》(*Number 8, 1949*)；波洛克当时手头很紧，贝蒂·帕森没有收他的佣金。

我遇到的最好、最杰出的经销商叫保罗·卢森伯格(Paul Rosenberg)，他的家庭在法国艺术界很有名望。他在我买《风景》后马上开始代理米尔顿·艾维利。卢森伯格对艾维利的画非常了解，他让我对我所买的每幅画都能真正欣赏。

1943 年，我只从保罗·卢森伯格处买了一幅艾维利的画《年轻的艺术家》(*Young Artist*)，八年之后，我从他那里一天就购买了 52 幅艾维利的画。

1948 年，我从瓦伦丁·杜登森(Valentine Dudensing)处一次买了 46 幅艾维利的画。又一次我对每幅画都非常了解。杜登森是一位具有鉴赏力的、聪明的经销商。他教了我很多。他常常会把画倒过来让我看。他的理论是，如果画倒过来还很好的话，它们的艺术性就经受住了考验。很奇怪，这真的很奏效。我这么多年来也常常这么做。

当我从杜登森处购买艾维利的画时，他已经退休了，不再当经纪人，移居海外，但是那次他回来清理他的储藏室。我还从他那购买了一些其他的画，但是很可惜，我错过了一件毕加索的作品—— 一个小丑雕塑，我很喜欢，当时只要花 1 500 美元就可以买到的。但是我没买，因为在我头脑里及公开场合里，我把自己定位为当代美国艺术家的收藏者。

的确，我一直在购买居住在美国艺术家的作品，包括有些住在美国的欧洲艺术家的作品。偶尔，我也买一些从来没居住在美国的非美国艺术家的作品。

杜登森以那时看来合理的价格卖给了我 46 幅艾维利的作品。他宁愿以折价方式把整批艾维利作品卖给我，而不愿意分批卖给小商贩来赚更多的钱。如果他再一幅一幅卖的话，那么他又回到经销商的生涯里了，而且他已经退休，不再做经销商了。

我马上给萨丽·艾维利打电话。当一个收藏者拥有许多某位艺术家的作品时，他肯定对该艺术家的生活也有重要的影响。另一位有影响力的经销商山姆·库茨(Sam Kootz)，拥有许多卡尔·霍提斯

(Carl Holtys)和拜伦·布朗(Byron Brownes)的作品,这对两位艺术家都不利。因为如果他们两位后来想要卖画,库茨可能与他们压价。如果我愿意,我也可能影响艾维利的未来,如果我想卖画的话。但是如果我低价卖掉他的画,我会破坏他的事业。艾维利夫妇很信任我,因为他们知道我不会出售他的画。事实上,我后来通过把他的画捐赠给许多大型博物馆而促进了他的事业。

我打电话问萨丽·艾维利是否介意我买这一批画。她说她很愿意让我买,于是我很高兴地买下了。

我不知道杜登森和卢森伯格花了多少钱从艾维利夫妇手里购买那些画。但我知道通常有一个规矩,当画被卖掉以后,经销商会追付给艾维利一笔钱。我猜大约是10%。艾维利夫妇拿到我给杜登森和卢森伯格的一小部分钱。

我在华尔街的经验使我可以一次性不费力气地买下许多件艺术品。在我的投资公司,如果我们通过分析后看中了一只股票,我们先会适量地买一些。有时候买了以后,我们会发现非常喜欢这只股票。如果刚好有大量数目可以买,而我们还喜爱这只股票的价值和未来的话,即使此前头一天我们还没有买进计划也不知道这只股票是否会有筹码,我们会迅速大批量地跟进。

我有一次对一家公司这么做过。我研究那家公司很久,最终喜欢其股票价值。一家大型投资公司决定以13.75美元的价格卖掉清仓,我们马上就买了。我不便提及这家公司的名字,因为我不想把他们巨大的错误公告天下,只过了几年,我就以35美元一股现金脱手。

同样的原则运用到了我买艾维利的画上。我对艾维利的作品很狂热。我信任那个经销商,时机也合适,我就一下子全买了。前后我一共买了100多件米尔顿·艾维利的油画、水彩画及素描。有33件存放于纽伯格美术馆,另有50件捐给了其他美术馆。

# 从收藏到捐赠

1944 年春，我收到一封来自现代艺术馆的信，让我大吃一惊，信中问我是否愿意打开大门让他们的捐赠会员到我家参观。我很高兴我的收藏是现代艺术馆选中的唯一一个让其捐助者参观的收藏，当然我也很高兴接待他们。

参观我收藏的那天到来了，我从办公室下班后立即奔回家里迎接来宾。那时候股市下午 15:00 闭市，比现在早了一小时。我跑得气喘吁吁，于下午 15:30 赶到家。

我的许多客人当时都已经到了，有一两位客人看完了我的藏品后已经离开。其中有一位像我一样热衷于现代抽象艺术的 34 岁的年轻收藏家——纳尔逊·洛克菲勒。他从我借给南美洲巡回展览的那幅画里对我有了一点了解——那次展出包括了我收藏的彼得·赫德的《平原男孩》。那次也是洛克菲勒第一次看到我的部分收藏品。

来宾参观是一件令我兴奋的大事。但是，当客人们在参观作品时，我听到一位女士说："我不明白为什么他们想参观纽伯格的收藏。我的收藏比他的好多了。"她说的没错，她的收藏的确比我的好。说这话的人是阿德莱德·米尔顿·德·格罗特(Adelaide Milton de Groot)，她那时已过了 90 岁高龄。她把她的收藏捐赠给了大都会博物馆，没想到却卷入了一场 20 世纪最大的艺术纠纷中。

在德·格罗特夫人及其他现代艺术馆的捐赠者们来我的公寓参观时，我已经在短时期内迅速扩大了收藏量，大部分是年轻的美国艺术新秀。我收藏了彼得·赫德、本·沙恩(Ben Shahn)、马克思·韦伯、乔治·莫里斯(George L. K. Morris)、约翰·马林(John Marin)、雅各布·劳伦斯(Jacob Lawrence)、达瑞尔·奥斯丁(Darrel

Austin)、司徒亚特·戴维斯(Stuart Davis)、杰克·莱文(Jack Levine)、努费罗·塔马约(Rufino Tamayo)、威廉·格罗珀(William Gropper)、亚伯拉罕·拉特纳(Abraham Rattner)、马斯登·哈特利(Marsden Hartley)、拉斯顿·克劳夫德(Ralston Crawford),以及我最喜欢的当代艺术家,米尔顿·艾维利。

要判断谁是艺术新秀是一件很冒险、很投机的事。历史上历来如此,有些可能是例外,譬如在文艺复兴时期的意大利。我认为当美第齐(Medici)买米开朗琪罗(Michelangelo)的画时,肯定知道是买对了。

20 世纪 40 年代的某个时候,有人告诉我布鲁克林博物馆(Brooklyn Museum)被公众忽略了。虽然这座博物馆以其埃及艺术收藏及温斯洛·霍默(Winslow Homer)的水彩画而闻名世界,但它很少有当代艺术。它需要扩展 20 世纪艺术家的藏品。这好像是一个开始捐赠的好地方。1946 年,我给布鲁克林博物馆捐了 4 幅画。几年后,我拿支票从一座美术馆购买了一幅米尔顿·艾维利的画《日落》(*Sunset*)。这幅作品至今依旧悬挂在布鲁克林博物馆。许多年来,我很高兴给这座博物馆捐赠了许多件其他艺术品。布鲁克林博物馆是纽约市文化生活的重要组成部分,其被忽略是因为曼哈顿的各大美术馆抢占了风头。

第一次给布鲁克林博物馆捐赠之后的第二年,我捐了 4 幅画给马萨诸塞州的威廉姆斯学院,并且举办了我在教育机构的第一次收藏展览,在纽伯格艺术馆创立之前的许多年里,我捐赠了 60 幅艾维利的作品给全美各个学院及美术馆。我从来不乐意把艾维利的作品拆开捐赠出去。但是我还有 100 多件。

我不断地购买,直到 1993 年我 90 岁生日的时候。

虽然许多次有人请求我,但我从来都没有卖一件尚且在世的艺术家的作品。我没有像投资家那样去收藏艺术。我收藏艺术只因为我喜爱它。我愿意通过捐赠作品、帮助美术馆及学院办艺术展、出借收藏品参加巡回展等方式与人们分享我对艺术的浓厚喜爱。我收藏艺术,展示艺术,捐赠艺术,但我不出卖艺术。

实际上,我在美国艺术家的作品空前升值时收藏了这些艺术家的作品。19 世纪美国也有一流的艺术家,但是他们的作品价格没有 20 世纪艺术家那样升值快。

## 惠特尼美术馆

格特鲁德·范德比尔特·惠特尼夫人(Mrs. Gertrude Vanderbilt Whitney)是一位雕塑家,19 世纪美国艺术杰出的收藏家,是受人爱戴的艺术家,也是早期美国现代艺术的灵魂人物。1931 年她成立了惠特尼美术馆,作为她收藏品的存放地也作为年轻的实验性(Experimental)艺术家的栖息地。这些艺术家中许多人的作品都超越了时代。惠特尼美术馆起初是纽约市的格林威治村里的第八大道 8 号的一个小馆。它迅速扩大,1954 年迁往市区的西 54 号大街上现代艺术馆提供的一处更宽敞的地方。新馆开幕仪式上展出了包括我的 100 幅收藏品。米尔顿·艾维利设计了馆藏编目的封面。

最终,惠特尼美术馆的托管人决定不愿再寄人篱下,想要走出巨大的现代艺术馆的阴影。他们在一处买了一块地(占据麦迪逊大道半个街区),在那里,1966 年修建了现在的惠特尼美术馆。那时候空间就不够大,现在其空间自然也不够大。

惠特尼夫人去世后,我和一些朋友觉得惠特尼美术馆需要长期的财力帮助来支撑其运行。我们为此成立了惠特尼美术馆馆友会(Friends of the Whitney Museum),我担任其扩大后的理事会第一任外部理事。

我的朋友和生意上的合作伙伴,霍华德·李普曼比我更多参与到惠特尼美术馆的工作中,他长期担任理事长,工作非常出色。对我而言,我现在意识到我本来可以更长期积极参与惠特尼美术馆的工作。我成为唯一被公认的美国艺术的收藏家。虽然我是一个美国艺术家的热诚收藏者,但我对艺术世界的兴趣远比这广泛。

## 美国艺术联盟

美国艺术联盟(American Federation of Art,AFA)创立于 1909 年,由纽约新选出的参议员伊莱休·鲁特(Elihu Root)创建。它迅速成为美国最重要的全国性艺术联盟。它虽然包括了一些个人会员,但是其最主要的成员是美术馆和其他机构。通过美国艺术联盟,强大的美术馆能帮助弱小的美术馆。大型美术馆如大都会博物馆,有许多艺术品一次展出不完,而其地下室里塞满了艺术品,他们想让公众看到这些艺术品却办不到。当大型的美术馆举行巡回展的时候,每个人都会从中受益。

伊莱休·鲁特是法律界、金融界及政界的一个重要人物,他后来获得诺贝尔和平奖。1893 年,摩根(J. P. Morgan)的父亲在英国去世,在伦敦留下大量艺术收藏,鲁特想让美国拥有这批收藏。通过美国艺术联盟,鲁特成功地操作了美国关税法律条文改动,豁免艺术品的进口关税。

关税的免除打开了大规模艺术品从欧洲涌入美国的大门——尤其是来自法国、意大利及英国的艺术品,涌入美国,包括进入摩根的收藏。这就是为何纽约市的大都会博物馆里有四幅荷兰画家贾恩·维梅尔(Jan Vermeers)的画,同时弗里克美术馆(Frick Museum)还有三幅。这也就是为何美国的收藏家和美术馆收藏有如此之多的法国印象派艺术。

美国艺术联盟还在美国艺术家除美国本土之外不被人知的情况下,帮助把美国艺术介绍到欧洲。把美国艺术作品捐赠给美国艺术联盟可以免税,然后再出口国外。这是美国艺术在欧洲展现的开端。

我在半个世纪前开始对美国艺术联盟的活动积极起来。我可能是关于美国尚健在的艺术家及艺术机构的最活跃的门外汉。我深深地陷入购买艺术之中,并为几家美术馆积极工作着。

1946 年春天美国艺术联盟在巴尔的摩的年会,我应邀成为该组织的财务部长。我很快发现,那个职位更像执行会长。美国艺术联盟的会长住在明尼苏达州,只有旅行到东部时,他才会参与处理事务。我不久就当上了美国艺术联盟的会长。

虽然美国艺术联盟总部最初设在华盛顿特区,但大部分工作都是在纽约展开的,尤其是在我成为会长之后。我们关闭了在华盛顿的办公室,搬迁到曼哈顿美国设计院所属的一栋房子里作为临时办公室。不久,我就以一个好价钱买到了第 65 大街 41 号一栋环境优美的大楼。这栋大楼如今依然是美国艺术联盟的全国总部。

为买下这栋大楼并装修,我必须筹集 45 万美元——买房子约需 22.5 万美元,按我们的需要,装修也要花同样的钱。雅克·开普兰(Jacques Kaplan)是美国艺术联盟最持续、最慷慨的赞助者,通过其纽约基金会,他捐赠了 10 万美元。洛克菲勒基金会(Rockefeller Foundation)捐赠了 2.5 万美元,还有一位朋友查理·坎宁汉(Charlie Cunningham)也和我一样捐了 2.5 万美元。坎宁汉是康涅狄格州首府哈特福德(Hartford)最早美国现代艺术馆华兹沃斯艺术博物馆(Wadsworth Atheneum Museum)的馆长。在这些赞助的基础上,我们努力凑齐了购买新总部的钱。

这栋大楼也成为几个其他非营利性艺术机构的家，包括美国艺术档案馆(Archives of American Art)及一个建筑师组织。他们以比其他地方便宜得多的租金价格设立在我们大楼内。

作为美国艺术联盟的总裁，我的部分工作就是与各美术馆的头头脑脑们见面。我花了挺长一段时间才了解到我在这个机构里付出的辛苦劳动所能换来的巨大的个人利益。目前为止，这些巨大的个人收益里最令人兴奋的方面就是有机会了解那些经营美术馆的杰出人物：美国现代艺术馆的阿尔弗雷德·巴尔、勒内·哈农科特(Rene D'Harnoncourt)及詹姆斯·索比(James Soby)；惠特尼美术馆的罗伊德·古德里奇(Lloyd Goodrich)和杰克·保尔(Jack Baur)；布鲁克林博物馆的埃德·申克(Ed Schenck)；还有大都会博物馆历年来卓越的各大馆长们——弗朗西斯·亨利·泰勒(Francis Henry Taylor)、詹姆斯·罗列尔(James Rorimer)、托马斯·霍温，特别是近年来的菲利普·德·蒙泰贝洛(Philippe de Montebello)。这些还仅是纽约人士，在旧金山有格雷斯·麦卡恩·莫莱(Grace McCann Morley)，巴尔的摩有阿德林·布里斯金(Adelyn Breeskin)，在国家美术馆有约翰·沃克(John Walker)和卡特·布朗(J. Carter Brown)以及许多其他人等。

我也很高兴有机会周游全国，在国家最需要的时候帮助振兴美国文化。1949 年，山姆·库茨在达拉斯(Dallas)的奢侈品百货商场奈曼—马库斯(Neiman-Marcus)举办毕加索的作品展。展出的作品没有一件是花钱买来的，全都是通过美国艺术联盟借的。

我们努力推动得克萨斯州(Texas)提高对艺术的认识。得克萨斯州被公认为是金融业发达的地方，但却是文化的荒漠。美国艺术联盟在休斯敦召开一次主要大会，吸引了很多杰出的艺术学者参加。我们办得非常成功，轰动一时。在接下来的 20 年里，毕加索的画被得克萨斯州热心的收藏家们收买一空,供不应求。

美国艺术联盟于 1909 年成立之后,立即开始巡回艺术展,专门把伟大的艺术品带到那些较小的、自己无力举办类似展览的美术馆里。由卡特·布朗担任美国艺术联盟的巡回展览委员会的会长,卡特·布朗 1995 年前一直是位于华盛顿的国家美术馆的馆长。

1952 年,我的前任哈德荪·沃克(Hudson Walker)担任美国艺术联盟的会长期间组织了一次为期三个月的展览。展览在明尼亚波利斯(Minneapolis)一个主要艺术馆沃克艺术学院(Walker Art Institute)举行,其中展出了我的收藏。美国艺术联盟还把我收藏的路易丝·米歇尔·阿尔谢米斯(Louis Michel Eilshemius)的画拿到全国各地展出。阿尔谢米斯是特别多产的画家,我收藏了无数他的作品。

我借给美国艺术联盟最重要的作品是两幅于 1952 年在印度新德里展览的画:一幅是杰克逊·波洛克 1949 年的杰作,一幅是利奥尼·费宁格(Lyonel Feininger)1913 年的作品,在我眼里两幅都是经典杰作。两幅画都属于纽伯格美术馆所有。

美国艺术联盟主办出版《艺术杂志》(*The Magazine of Art*),我强烈认为这是世界上伟大的艺术杂志,它的特色是刊有优秀学者们著名的历史性重大文章。因为财务的问题,1953 年 5 月该杂志被迫停刊。该杂志运行一年要花费 1.5 万美元,那时这是一个大数目。我曾捐出 7 500 美元让杂志继续运行,但是当时我也爱莫能助了。杂志每况愈下,令我痛惜万分。我那段时间里遭受精神抑郁就是因为这份重要杂志停刊了。

当我准备要离开美国艺术联盟的会长一职时,我想要创造一个基金会。雅克·开普兰再度慷慨解囊捐款 10 万美元。

因此,我推荐雅克·开普兰的妻子成为美国艺术联盟的新会长。她是一位有魅力的优雅女士,备受人们喜爱。她有很高的美学品位,但在后来看来,她几乎没有什么商业头脑。主持像美国艺术联盟这样的组织就得如同管理一个企业——虽是非营利性企业,但还是一个企业。

尽管如此,美国艺术联盟的主要成就对我们保留文化存在着深刻长足的重要影响。当我开始收藏画时,20世纪美国艺术品还很少,也只有寥寥数人收藏。人们只能去大城市里观看现代美国艺术,像纽约的大都市博物馆,华盛顿的菲利普斯美术馆及其他在克利夫兰、波士顿、费城等地的美术馆。许多今天重要的美术馆都是在过去的50年里创建的。美国艺术联盟在沟通大大小小的美术馆把艺术带给人民等方面起到了桥梁作用。这个成就让每个参与美国艺术联盟事务的人都感到无比骄傲和自豪。

## 大都会博物馆

我们全家在第五大道993号8楼一套14间房的公寓里生活了33年。公寓在纽约市第80大街和第81大街之间,正对着大都会博物馆。我们常常招待过街来登门拜访的艺术家和美术馆的工作人员。20世纪60年代初期,当詹姆斯·罗列尔是大都会博物馆馆长时,他经常穿过马路来我家闲聊馆里的事。

我常常对大都会博物馆有一种特别的感情。参观大都会博物馆真是一种享受,因为虽然它很大,但它注重每件展品的细节。大都会博物馆拥有上下五千年的艺术品,是一部人类文明和文化的巨大百科全书,由馆长及一群卓越的员工照料。

我怀着崇敬的心情回忆起该馆优秀工作人员罗伯特·贝弗利·黑尔(Robert Beverly Hale),他于1957～1966年间在大都会博物馆主管美洲艺术(1949～1957年间为助理馆员)。他当时面临许多收购现代艺术品的麻烦,因为反动的收购委员会难以容忍抽象艺术。我对抽象艺术很感兴趣,并且发现捐款去买某件作品的行为比那件作品本身更容易被人接受。1950 年前后,我开了一张支票给大都会博物馆,让他们购买乔治·莫里斯、汉斯·霍夫曼及其他抽象艺术家的作品。

1968 年,大都会博物馆要我研究其财务,把此前 18 年所有的账目都给了我。我那时得出结论是,他们的财务状况不足以支撑大都会成为庞大的机构。今天,感谢蒙泰贝洛馆长及比尔·吕厄斯(Bill Luers)主席的杰出领导,该馆的财务状况非常好。

詹姆斯·罗列尔馆长曾说,如果我能捐出许多自己的藏品,他们会以我的名字命名美国展区。该展区将展示 19～20 世纪的美国艺术。我没有接受这个提议,因为我除了几幅詹姆士·奎多(James Quidors)及一些托马斯·柯尔(Thomas Cole)的作品外,我很少有 19 世纪美国艺术家的作品。罗列尔馆长的提议是在他生前最后一年提出的,我受宠若惊,但觉得很不现实。我很高兴他想要我的收藏,但是那些收藏与美国展区的氛围很难相容,该展区大多是有关历史的。

美国在 19 世纪更多的是以修筑铁路和开创商务著称,而不是以艺术著称。因为我们美国是一个年轻的国家,不得不在文化上一直追赶欧洲。我们的确有一些 19 世纪杰出的艺术家,他们的作品可以在大都会博物馆的美国展区看到。丘齐(Church)是一位伟大的风景画家,同阿尔伯特·比尔史伯特(Albert Bierstadt)一样。托马斯·摩兰(Thomas Moran)画了许多精彩的西部主题的画。有些早期画家的作品显得很晦涩,当时 1 美元都可以买到的,现在评价却很高。

罗列尔子 1962 年去世,距他那个提议只有 6 个月。我知道他身体很不好,是因为有一天我们在大都会博物馆共进午餐时,他当时行

左图:纽伯格全家照。按顺时针顺序(从中起):儿子小罗伊,罗伊·纽伯格,妻子玛丽,小儿子吉米,女儿安娜

右图:罗伊和妻子玛丽在大都会博物馆的招待酒会上

动已不便,那是他身体状况很糟糕的标志。他的突然去世对我们这些知道他、尊敬他的人来说是一件很痛苦的事,但也是意料之中的事。

## 霍温时代

托马斯·霍温从1967年到1977年连续10年担任大都会博物馆的馆长,这是10年令人激动、跌宕起伏的岁月。他就任时还相当年轻。任职早期,他常常会穿过马路从大都会到我家来聊聊,就像罗列尔馆长一样。

霍温可能是最为人知的馆长,因为他有着轰轰烈烈的事业。他曾是大都会的中古时代艺术的工作人员,1966年他在约翰·林赛(John Lindsay)担任市长期间,被提升为纽约市园林局的局长。他大胆革新,规定一天之内某些时段,汽车禁止出入中央公园。这使得中央公园的路完全为公众使用,或骑自行车、滑板等,而且证明汽车在曼哈顿并非不可或缺。许多人对此规定感到愤怒,因为交通管制会导致市区某些地段临时性的交通恶化。但是霍温有关中央公园的许多规定如今依旧被执行着,这显示出他有远见卓识。

当霍温以馆长身份重返大都会博物馆时,他大力推动一些跨时代的改革,使得该博物馆能成为一个更大的机构。他协助挑选扩馆建筑师,并且与他们紧密合作。他制定的计划有些至今还在实施。

霍温想进行的变动之一是在博物馆大楼的西边建一个新翼,以便收藏刚刚购入的波比·雷曼(Bobby Lehman)的作品。他请我与他同去市政厅以取得扩建许可。那个扩建计划颇有争议,原因有二:首先,它涉及要占用公园的土地;其次,有人强烈认为雷曼的作品应被存放在第 54 大街原来的陈列地。博物馆在别处另设分馆也不乏前例;卢浮宫就在巴黎市区其他地区多处建筑里设有分馆。大都会博物馆自己也设有分馆,其中古时代的收藏品放在曼哈顿北部的修道院艺术馆(Cloisters)里。

但是,最后新翼扩建计划还是得到了市政府的批准。因为新翼内展出了包括雷曼作品在内的、符合其建筑风格的展品,效果很好,很壮观。第 54 大街原本存放雷曼作品的独立建筑也在总馆得到部分复制。

霍温功劳巨大。他把大都会博物馆构想为今天的样子:成为艺术的百科全书。在大都会,你可以看到一部文明发展的历史。

但是霍温也做了一些傲慢的、令人质疑的决定。今天,还有人议论他为希腊和罗马部花 100 万美元买的那尊大花瓶是否值得。他买这尊花瓶付的钱比以往任何人为任何一件古董付的钱都多。以前为那样的艺术品顶多付 25 万美元。但是那尊花瓶是在某种特定的环境下买的,连一个清楚的名目都没有。

霍温还决意要买一幅非常昂贵的委拉斯开兹(Velazquez)的画。这幅画开价 570 万美元,大都会博物馆根本没法为一件作品付出 570 万美元。但是霍温没有请理事会的人为这幅画筹钱,他甚至也没有与他们商量他要买这幅画的计划。相反,他从德 · 格罗特夫人的收藏里,选出一幅梵高的画和一幅卢梭的画卖给马乐伯画廊(Marlborough Gallery),筹得现金买了委拉斯开兹的画。德 · 格罗特夫人就是 1944 年说她的收藏比我的好的那个人。

大都会博物馆有很多梵高作品,包括一件由华特 · 安伦伯格(Walter Annenberg)大使送的作品,与被霍温卖掉的那件十分近似。但是卢梭就不同了。亨利 · 卢梭(Henri Rousseau)是现代艺术的伟大先驱之一,其作品不多,除了德 · 格罗特夫人捐的那幅很精美的作品之外,大都会只有一幅卢梭的作品。卢梭的作品如此稀缺,以致你卖出去之前务必要再三考虑。现代艺术馆有两幅卢梭的作品,大都会也应该有两幅。

当然,委拉斯开兹的作品也很少见。但是弗里克美术馆藏有很多,只要从大都会博物馆顺着第 5 大道走几个街区就可以看到。另外,把德 · 格罗特夫人的藏品拿来卖掉,我想,这也是一种背信弃义的行为。每家美术馆都想要德 · 格罗特夫人的收藏,但她只捐给了大都会。

如果是我的话,会另辟蹊径,会采用伦敦国家美术馆(National Gallery)常用的策略。当他们想要一幅价值很高的精品时,譬如他们最近买的那幅《局部的达 · 芬奇》(*DaVinci*),就会公开募捐。如果大都会博物馆这么公告的话,也一定可以筹到很多钱。

霍温卖梵高和卢梭的画引起一片哗然。我对此感受非常强烈,在无人认识我的情况下,我去马乐伯画廊,问他们:“如果大都会想要把这些画赎回,你们会不会答应?”他们说会。于是我立马打电话给道格拉斯·狄伦(Douglas Dillon),那时的大都会主席,道格拉斯那天吃午饭时我告诉了他我的马乐伯画廊之行。和蔼可亲的狄伦先生仔细地听完我的讲述,但此后我便没听说过这件事的下文。

霍温在任期内,为大都会吸引了大量参观人数。任馆长十年内,使大都会博物馆人气大增,像别的馆一样。他举办一些很受欢迎的大型展览(Blockbuster Exhibitions)为大都会既带来金钱又带来人气。当然,这些展览的做法值得商榷——因为人数太多,几乎看不到展品。我相信将来这样煽动性展出会减少。

我认为霍温继任者蒙泰贝洛馆长做得非常好。蒙泰贝洛馆长跟大都会第二位花钱聘请的威廉·吕厄斯馆长一样出色。在这两位任职期间,大都会博物馆经营得非常好。

## 大都会荣誉理事

1968 年 1 月,我收到一封信,让我高兴得飘到了不止是九霄云外而是十霄云外。大都会博物馆增设了一个“荣誉理事”(Honorary Trustee)的职位。我被邀请为其“荣誉理事”之一。我万分高兴,感到无比荣幸。这是我艺术生涯中的最重大事件。我对大都会的热爱与尊敬超过世界上任何一个地方。

以前,荣誉理事一直是由纽约市市长、纽约州州长及纽约市园林局局长等在职期间担任的。爱丽丝·杜莉(Alice Tully)的表兄,大都会的主席阿瑟·赫夫顿(Arthur Houghton)设立一个新形式的职位——终身荣誉理事。他们为此要仔细物色人选,以便有利于对大都会博物馆和艺术做出长足的贡献。

我是 1968 年元月里最早任命的三位终身荣誉理事之一。另外两位是纽约美术学院的克雷格·史密斯(Craig Smythe)教授和普林斯顿大学优秀的中古艺术学家米拉德·梅斯(Millard Meis)教授。1996年5月,纽约州艺术委员会的前主任基蒂·卡莱尔·哈特(Kitty Carlisle Hart)也应邀获聘。哈特女士是一个才华出众的人,她为美国的艺术做出了卓越的贡献。

我成为荣誉理事时,传言大都会里有反犹太主义。但是米拉德·梅斯和我一样都有犹太血统,我相信,我们被任命,与我们是否是犹太人无关。

大都会理事会送给我一叠名片,上面写着"罗伊·纽伯格荣誉理事"。理论上说,我跟其员工一样可以自由出入大都会博物馆。我曾经被授予三个荣誉职务,但是成为大都会的荣誉理事对我而言尤其重要。

## 艺术的钟摆

约1958年初,现代艺术在美国的发展势头开始改变。特别擅长推销的经销商们开始以绝对优势占据售卖现代艺术的市场。收藏现代艺术的人变了。美术馆的从业人员也发生了改变。整个艺术世界都在改变。一位艺术家只要涂抹点什么东西出来,能引起是否为"艺术"的强烈争议,他就很容易出名了。我认为艺术的钟摆也未免太偏离重心了,我不愿意在这场变革里推波助澜。

到1958年9月,毕加索的画价格攀升得太高,以至于美国最大的毕加索收藏家维克多·甘斯(Victor Gans)不得不转向为收集美国艺术。他想让我以每幅300美元的价格买下4幅贾斯培·琼斯(Jasper Johns)的作品。四分之一个世纪之后,塞·纽豪斯(Sy Newhouse)以1 700万美元一幅的价格买走贾斯培·琼斯的画,琼斯是一位非常优秀的艺术家,但那标价也高得未免太离谱了。

那时,我开始购买古代艺术品,收集路易丝·阿尔谢米斯的作品。我于1958年宣布自己为自由经纪人,并从此收集任何我自己喜爱的艺术,不论该艺术家是否为在世的美国人。我很满意我开始这么做。我个人曾经帮忙资助了数百位当代艺术家。许多人认为我在推动收藏家考虑买画以支持活着的艺术家方面发挥了一些作用,我也希望如此。

## 我未来的美术馆

在1966年华盛顿特区的一次小型周日上午聚会上,我曾经的导师,已年迈的邓肯·菲利普斯转向我:"我觉得你是唯一一位与我的品位相似的人。我非常想要看到你在纽约建立一座博物馆,就像我在华盛顿建立的那座一样。"他说这番话后几个月就去世了,但他播下了一粒种子。

与菲利普斯会面后不久,我跟纽约大学的詹姆士·赫斯特(James Hester)校长一起共进午餐。詹姆士想要建立一个艺术展览馆。我对他的提议不是很感兴趣,最后,该大学设立了格雷画廊(Grey Gallery),而不是建一个新馆。

我认为他们做对了。在纽约市已经有许多美术馆了,这里不必再加一个纽伯格美术博物馆。

这时洛克菲勒出现了。

第十章

# 创建纽伯格美术馆

## 神秘的报价

1965 年 5 月，我在准备去希腊和意大利旅行之前，收到了一个匿名报价，要以 500 万美元购买我的收藏。此后几年内，艺术品价格猛涨，股市价格也将近涨了十倍。但在 20 世纪 60 年代，500 万美元是相当可观的大数目了。

这个报价是以电话方式通过所罗门兄弟公司合伙人传过来的。如果成交，神秘的买家将付给所罗门兄弟公司 5% 的佣金。也就是说，华尔街的这家公司将获利 25 万美元，不是通过证券交易，而是通过买卖艺术收藏。

那时，我还不知道谁是买家。许多年后，我从一个所罗门兄弟公司的合伙人查尔斯·西蒙(Charles Simon)那里知道，那个他们代理的可能买方正是纽约市市长纳尔逊·洛克菲勒。

我回绝了对方，因为我不买卖艺术。

我对买卖艺术非常反感，这与我对买卖证券的感觉相反。为了证明这一点，我再举一个例子。我曾经收到一家挺好的博物馆——芝加哥艺术中心(Chicago Art Institute)的报价，要以 100 万美元现金购买我手里的一小幅帕特里克·亨利·布鲁斯(Patrick Henry Bruce)的画，且另付中间商报酬。布鲁斯是 1937 年在法国去世的艺术家，他的这幅小画曾被大都会博物馆收藏。100 万美元是非常慷慨的报价了，但还是被我回绝了。

## 会晤洛克菲勒

1967 年 5 月的一个周六，天气晴朗，洛克菲勒市长请我和妻子玛丽在波坎提戈(Pocantico)山庄共进午餐。波坎提戈山庄是他在威斯特彻斯特县上的一处豪华地产,俯瞰哈德逊河,景色蔚为壮观。

纳尔逊的祖父,约翰·D. 洛克菲勒在20世纪初买下了这块地产并修建房屋。纳尔逊的父母在波坎提戈山庄有一幢房子,他的兄弟大卫(David)和劳伦斯(Laurance)都有房子,实际上,洛克菲勒家族里大多数人都在这块房产上有他们自己的房子。这个家族还有一个很大的高尔夫球场、一个槌球场、保龄球馆及许多其他设施。

玛丽和我以及莱斯特和琼·安富利(Lester and Joan Avnet)夫妇从纽约开车过去。莱斯特在电子业界很活跃,对艺术很热衷,显得与洛克菲勒很熟,于是他在某种程度上充当了我和洛克菲勒沟通的桥梁。

我们上午11:00开始了对纳尔逊及夫人哈皮(Happy)的访问,一直到下午14:00才离开。第一个小时里,我们在漂亮的波坎提戈山庄里四处散步,参观纳尔逊展示在室外的、壮观的雕塑收藏,欣赏他在他住宅的北面挖掘的人工河。这条小河顺着山坡蜿蜒而下至一个日式小屋,本身就宛如一件艺术品。然后我们就在他家阳台上喝鸡尾酒。纳尔逊·洛克菲勒喝得不多。他端着一杯杜博奈酒(Dubonnet),我喝着一杯马丁尼酒。接着是午饭。纳尔逊和我在第三个钟头内私下里聊了一会儿。

"罗伊,"他说,"如果你捐出你的收藏,我就给你建一座美术馆。"当他说"我就给你建一座美术馆"时,他指的是纽约州会建一座美术馆。

他想把美术馆建在威斯特彻斯特县,位于纽约州立大学(SUNY)珀切斯学院内。当时这个校园刚刚建成。计划已经做了,但是还没有破土动工。

1996年与洛克菲勒夫人哈皮·洛克菲勒在一起(感谢纽伯格美术馆提供该照片)

与威勒姆·德·库宁的油画《玛丽莲·梦露》合影

1978 年,罗伊站在著名画家威尔·巴内特的油画《罗伊·纽伯格的画像》前(由 Myles Aronowitz 拍摄)

纳尔逊梦想让珀切斯学院成为纽约州立大学的艺术中心。校区内除了建一座优雅的美术馆外,还准备建四座剧院,包括一个歌剧院,并且准备建一些芭蕾舞的教学设施。该学院准备提供一套完整的教育设施,突出生活中最美好的事物——人文、艺术及文化。

"你把那些藏品捐出来,"纳尔逊说。他认为我的收藏够重要,这样他可以说服纽约州议会拨款建一座有特色的美术馆。

## 艺术收藏家约瑟夫·希尔施科恩

据记载,洛克菲勒也曾和约瑟夫·希尔施科恩(Joseph Hirshhorn)接触过。希尔施科恩有多种多样的艺术收藏,比我的要多,风格也不尽相同。希尔施科恩和我是当时最大的两位收藏家,但我们在收藏哲学上大相径庭。他对欧洲和美洲的艺术都感兴趣,对雕塑的兴趣尤其强烈。他收藏的画并不多。罗丹(Rodin)的著名雕塑《卡莱的市民》(*The Burghers of Calais*),就存放在华盛顿希尔施科恩雕塑花园(Hirshhorn Sculpture Garden)内。另一尊同名雕塑存放在大都会博物馆内。

约瑟夫·希尔施科恩没有答应洛克菲勒,相反,他接受了林登·约翰逊(Lyndon Johnson)总统的提议,在华盛顿修建了一座美术馆。你今天可以在华盛顿看到这座漂亮的但备受争议的美术馆——希尔施科恩雕塑花园,成为史密松宁美术馆(Smithsonian Museum)综合楼的一部分。它很受争议,因为有人反对占用绿化地用作私人收藏场所。在那时,只有伟大的历届美国总统才可能在那里受人瞻仰。但是约翰逊总统说,能获得希尔施科恩的收藏也是一件功德无量的大事。

1974 年 10 月,希尔施科恩雕塑花园落成典礼仪式上我很高兴作为嘉宾出席,与希尔施科恩同桌而坐。五个月前,我们的纽伯格美术馆刚刚开幕—— 一年内两座美术馆落成,而且相隔仅五个月。

## 我给洛克菲勒的答复

听到洛克菲勒的提议,我很喜欢;但是,在头一次见面会上我并没有马上答应下来。此后不到两周的时间里,我收到他的一封信,信中他兴奋地谈及关于那项工程的事,并邀请我去喝鸡尾酒。他同时还邀请了纽约州立大学的校长萨缪尔·古德(Samuel Gould) 及即将出任纽约州立大学珀切斯学院的校长阿博特·开普兰(Abbott Kaplan)。开普兰是他们从洛杉矶重金聘请来的。我们在曼哈顿第五大道毗邻东 62 号大街的纳尔逊家里会面,一起吃了许多鱼子酱、熏鱼片及其他开胃小菜。

在这第二次会面中,洛克菲勒市长说,他想请我帮助他拓展珀切斯学院校园,想请我以志愿者的角色来帮助这个学院成为最出色的校园。我无法形容他在这项文化及教育工程上是多么充满热情,无法描述这件事对于他的意义是多么重大。他的热诚与他对艺术发自内心的热爱充满强烈的感染力。也许我被他的兴奋所感动,被他对教育和文化热爱的自然流露所感染,于是 1967 年 6 月我接受了他的建议。

洛克菲勒想让纽约州立大学珀切斯学院成为"州立大学中的一颗明珠"。我不敢肯定他是否应该这么说,因为还有另外 63 个校园为争夺这项荣誉而竞争。不过,他说了一句也许他不该说的话。他说:"我们不想要你半分钱,这一点请你放心。"我清楚地记得那句话。我对此一笑了之。

## 政治家洛克菲勒

纳尔逊·洛克菲勒是一位独特的政治家,是最具震撼力的人物之一。他热爱文化与艺术,我很尊敬他和喜欢他。但是参议员巴里·戈德华特(Barry Goldwater)认为他很糟糕,并在 1964 年共和党全国代表大会上公开如此说。戈德华特那一年代表共和党参选美国总统,但惨败给了林登·约翰逊总统。在我看来,洛克菲勒对共和党来说太民主、太开明。当然因为他并非每个方面都很民主,所以在公众面前可能他未显得是民主人士。在 1968 年的共和党年会前,我给他建议道:"纳尔逊,你为什么不加入民主党? 那样的话你就能打败尼克松。"他只是笑了笑。他骨子里是一个根深蒂固的共和党。而他的侄子是西弗吉尼亚州(West Virginia)的参议员,是一个坚定的民主党员。

当1968年洛克菲勒争取共和党提名参选美国总统时，我给予他热烈的支持，并且努力多方奔走以便他能被提名。作为他竞选团体中财务委员会的一员，我为他募来了许多钱，仅次于财务委员会主席乔克·惠特尼(Jock Whitney)，比其他人募得都多。

一天上午，财务委员会在西55号大街纳尔逊的办公室里散会后，他对我说："罗伊，今天我开车送你上班吧。"他那天要去华尔街那边的财务分部大楼里发表演说，而那时我的办公室在百老汇120号，刚好顺路。我于是坐他的车去了华尔街。

那时候，无论纳尔逊走到哪里，他都能吸引大批围观群众。我们刚开进百老汇，交通就非常拥堵，车开不动了。纳尔逊当机立断，在富尔顿(Fulton)大街下了汽车，爬上一辆双层巴士。洛克菲勒坐公交车前往财务分部大楼演讲的举动为他那次演说添了彩，尽管当时大楼就位于再往南几个街区。当纳尔逊进演说大厅的时候，我却气派地开着市长的豪华专车抵达我的办公室。

就在同一天，纳尔逊说："罗伊，我想请你到迈阿密(Miami)参加共和党的年会。"我告诉他："我不喜欢迈阿密，尤其是在8月。虽然我从来也没出席过年会，但我想我不会喜欢那种会的。"但是，洛克菲勒从来不接受别人的拒绝。他说："罗伊，你一定要来出席年会。我想让你去。你一定得去。"于是我就去了。

1968年，共和党的年会犹如一场灾难。我待到几乎最后一刻，即投票将要开始时。不过我决定在大会散会之前离开迈阿密，避开散会时在机场的人潮。我正好子夜时分返回我在纽约的公寓，及时听到投票结果。结果理查德·尼克松(Richard Nixon)当选为共和党总统候选人并于同年11月当选美国总统。

我认为有一点很有趣：像我认为20世纪最伟大的人物是温斯

顿·丘吉尔(Winston Churchill)一样,洛克菲勒小时候也有阅读障碍症。纽约甚至还有一所为有阅读障碍的孩子专门开办的学校,以丘吉尔的名字命名,叫温斯顿学校。洛克菲勒和丘吉尔只是许多有阅读障碍症却取得非凡成就的成年人中的两个例子。

如果1968年是纳尔逊而不是尼克松当上总统候选人,并当选总统的话,我相信美国的历史将会更加美好。世界的历史也将更加美好。洛克菲勒头脑聪慧,抱负远大,我相信他会成为最有作为的美国总统之一。

## 修建美术馆

我喜欢修建纽伯格美术馆的想法。在我与洛克菲勒第二次会晤之后,我们之间达成口头协议,并决定邀请建筑大师菲利普·约翰逊(Philip Johnson)设计此馆。我特别高兴的是能有像约翰逊这样级别的建筑大师设计我的美术馆。

建馆的速度推进缓慢。两年之后才签书面协议。对我这种轻按一下电钮就完成千万数额的证券交易人来说,要等上这么长的时间来执行一项早已约定的计划,简直是太难了。这个步调比我平常操作方式的步调要慢多了。

当我们1969年秋签署协议时,《纽约时报》以巨幅刊登了一幅照片,照片上洛克菲勒、我妻子和我以及纽约州立大学的校长萨缪尔·古德博士正在欣赏一幅我收藏的爱德华·霍珀(Edward Hopper)的画。我同意捐出我个人的大多数收藏给该美术馆。当然,我不可能把已经同意捐给其他机构的作品也给他们。另外,双方同意那些放在我家里及办公室里的艺术品依旧保留不动。

菲利普·约翰逊为纽伯格美术馆设计了一幢辉煌壮观的大楼。

我想连约翰逊本人都要惊讶于他的设计竟如此之好。美术馆是整个新珀切斯学院校园里最早落成的建筑。在 1971 年图书馆和其他教室尚未竣工之前,这幢大楼就是整个珀切斯学院校园。在纽约大学珀切斯学院成立的头三年里,美术馆未当作美术馆使用。其地下室里,装满了不断扩大的图书馆藏书,现在才作为巨大的艺术品贮藏室。美术馆大楼还为视觉艺术、音乐及戏剧课的学生提供教室和工作空间。

## 美术馆开馆

到 1974 年,珀切斯学院校园开始成形。其他的建筑相继竣工并对学生开放。我们总算能让美术馆恢复原有的功能。纽伯格美术馆于 1974 年的 5 月举行开馆仪式,仪式上展出了许多极好的画和雕塑,有些是我的收藏,有些是纽伯格美术馆馆友基金会新买来的,还有些是其他收藏家的作品。

布莱恩・罗伯特森(Bryan Robertson)是纽伯格美术馆的第一任馆长。他代表我负责跟亨利・摩尔(Henry Moore)洽谈为校园新添一座铜像的事。我于 1958 年买过摩尔先生的一些小铜像,1937 年买过一件素描,所以对摩尔先生有所了解。

亨利・摩尔的那尊宏伟铜像高 18 英尺(约 5.5 米),重达 6 吨,今天已成为珀切斯学院校园内的视觉焦点。这部分要归功于摩尔的慷慨解囊。开馆仪式上,他说如果我们愿付 89 000 美元作为在德国的铸铜费,他就愿意让美术馆拥有那座铜像。结果铸造费用高出他所说的数目,摩尔先生就自己付了。学校再花了一大笔费用把铜像竖起来。我希望能借摩尔的铜像吸引更多的现代艺术雕塑,丰富校园的景观。

1987年于纽约州立大学珀切斯学院校园里的纽伯格美术馆外，亨利·摩尔的巨型铜雕“两个大型物”旁

在美术馆开馆时，我们同时展出了一尊我收藏的、漂亮的白色大理石雕塑。它是我的朋友日裔美籍艺术家山口勇(Isamu Noguchi)的作品。山口勇虽然比不上亨利·摩尔，但也是20世纪伟大的雕刻家之一。他为我们的开馆仪式专门定做了一尊大型大理石雕塑。展览结束之后，他就把那件作品留在了馆内，最后在他临终之前，他把第二件作品捐给了珀切斯学院。

大理石雕刻因为其独一无二性，成为尤其重要的礼物。大理石雕刻作品只可能独此一件。铜雕则是几个铜铸中的一件。艺术家常常为一件重要作品而造出6～9个铸件。所以即使是最精彩的铜雕也不会是独一无二的。

山口勇在免税金额微不足道的情况下捐出了这尊大理石雕刻。根据法律，他只可以抹去大理石的成本而不能冲掉艺术的价值。我公正地说，政府关于艺术家捐赠的法令并不是很宽松。我猜这是否与同一时期的某一事件有关。事件涉及古根汉美术馆的馆长——她本人也是画家，而她以远高于作品价值的价钱将作品捐给美术馆。我猜国会肯定认定此举不能被接受，结果，通过了这么一个严厉的法令。

我们非常幸运能请来亚历山大·利伯曼（Alexander Lieberman）为我们美术馆开幕仪式展览会上的展品目录设计封面。利伯曼是一个多才多艺的人——集雕刻家、画家及摄影家才能于一身，各方面都出类拔萃。他被公认为是一位特别出色的专业摄影家，他的巨型雕刻也被许多人称颂。他还是一位著名的商人、《时尚杂志》（*Vogue*）的艺术总编及所有康德纳斯（*Conde Nast*）旅行系列杂志的总编。

利伯曼在画家杰克逊·波洛克作品前为我留影，紧挨着一尊古代中国的雕塑。他至少拍摄了 100 张照片，然后才从其中挑选出一张满意的照片作为展品目录封面。在展品目录内页，纳尔逊·洛克菲勒市长写道："纽伯格美术馆的开馆，在这个充满遐想的建筑里，陈列着重要的收藏；在这个新校区里，无法估量地扩大了每幅作品与人们接触的潜在机会，无法估量地扩大了带给人们快乐的潜力，扩大了升华人类的精神世界的潜力。虽然纽伯格美术馆将服务整个社区，但其作为校园一部分的事实让我们感到无限荣幸……成千上万的人，现在的及我们将来的子孙后代，都会受益于纽伯格美术馆，使他们对身边的美及世界更敏锐，更加善于发现。"

我愿洛克菲勒的这番话是正确的。

## 珀切斯学院基金会

在洛克菲勒的督促下，我开始参加珀切斯学院校园的发展建设工作。在1979年洛克菲勒去世之后,我才意识到很幸运能在该学院的发展方向上起了很大的作用。我可以看见风吹的方向:我们正进入财政非常困难时期。

在我帮助成立珀切斯学院基金会之前,该学院没有任何募款组织来武装自身。该学院基金会类似于财产托管理事会。不是每个纽约州立大学的学院都有财产托管理事会,但我们在珀切斯学院设立了这种功能的基金会。我从1974起直到1988年我85岁时一直担任该基金会的主席。过了85岁生日之后,我从理事会和主席职务上退了下来。

这个基金会在某种程度上被学院院长阿博特·开普兰忽视了。他的继任者谢尔顿·格瑞柏斯坦(Sheldon Grebstein),在其任期十年内做了大量出色的工作拓展校园发展该基金会。现在的学院院长比尔·雷瑟(Bill Lacy),深知为教育机构筹款的重要性,对基金会的工作非常支持。

百事可乐公司的总部设在珀切斯学院校园马路对面,对该校的表演艺术方面给予了大力支持。当唐·肯德尔(Don Kendall)担任百事可乐公司的总裁时,他尤其大方,慷慨解囊。

到1996年底,纽伯格美术馆为珀切斯学院基金会捐赠财产约660万美元。在1996年底捐出100万美元之后,我又追加了500万美元基金。美术馆需要筹集这么庞大的资金数目,因为现在州政府和联邦政府划拨的教育经费严重不足。

## 筹集美术馆资金

在过去的25年里,全美所有非营利性的文化机构组织所面临的处境都大为转变。无论个体或组织都负有责任自筹资金,因为政府

在珀切斯学院，与沃顿校长和格瑞柏斯坦院长在一起（由 Salderelli-Weiner 拍摄）

不再像以往那样直接拨款。这场改变是在文化活动空前繁荣之后进行的。纽伯格美术馆像其他机构一样，也必须从其他地方筹措资金才能购买新的作品增添收藏、举行教学活动、主办美术展览及特别活动等，才能做到一座活跃的大学美术馆应该做的事。

因为我们向世界各地出借藏品，我们的知名度就高——这有利于我们筹款。我们很幸运有 1972 年成立的纽伯格美术馆馆友基金会的支持做后盾。这群伟大的支持者以一个永久性馆友会的形式，为支持美术馆的活动做出了卓越的贡献。

纽伯格美术馆对古代艺术的收藏始于纳尔逊·洛克菲勒捐赠的 17 件希腊古董花瓶。这些花瓶是洛克菲勒的姨妈露西·奥尔德里奇(Lucy Aldrich)的。洛克菲勒给我写信说他会给纽伯格美术馆捐一笔钱，但是他从来没有付诸行动。我们后来收到这些花瓶和一些其他小型作品，但是我们没收到他的钱。1996 年，我们把这些花瓶和我收藏的古代艺术品一起展出，起到了很好的效果。

20 多年来,在各位员工的辛勤努力下,美术馆在固定展览及特色展览方面都起到了非常好的作用。我每隔几周就要去美术馆看看。我的司机吉米·麦克劳德(Jimmy McCloud)也愿意带我去那里,因为在附近我买的一块土地上,有一条小溪很适合钓鱼。

卢森达·杰登(Lucinda Gedeon)是一位有远见卓识的馆长,他每天都和我交谈 。她丈夫是一个好人也是一位杰出的艺术家,他们夫妇住在我为美术馆馆长购买的房子里,距美术馆才五分钟的路程。

## 著名的洛克菲勒家族

1996 年 9 月 26 日,星期四,距我们第一次到波坎提戈山庄拜访洛克菲勒 29 年之后,我又一次漫步于美丽壮观的波坎提戈山庄,坐在我和玛丽与洛克菲勒夫妇曾经共进午餐的阳台上。不同的是,这次我受洛克菲勒夫人及劳伦斯和玛莉·洛克菲勒的邀请,与另外约 30 人一起在其家族的戏院里,庆祝洛克菲勒创建珀切斯学院 25 周年。玛莉·洛克菲勒主持招待了这次活动,她此后不久也去世了。

三天之后,在一个秋高气爽的晴朗周日,珀切斯学院校园里举行了一个座谈会,由当红的电视名主持人查理·罗斯(Charlie Rose)主持。座谈会到会的唯一女性是基蒂·卡莱尔·哈特,她是一位迷人的女士,20 多年来一直连任纽约州文化事务局局长。我很高兴能有机会与她重逢、叙旧。

我最初与基蒂见面是在一个小型晚宴上,为庆祝约翰·洛克菲勒给“亚洲之屋”(Asia House)捐出亚洲艺术品的晚宴。今天,“亚洲之屋”占据了公园大道和东 70 大街的一幢大型建筑。当我在晚宴上遇到基蒂·哈特的时候,“亚洲之屋”还是在莱克星顿(Lexington)大道附近的东 64 大街上的一座小型美术馆里。

那天晚上举办了好几个小型晚宴，然后我们才汇集在“亚洲之屋”庆祝约翰·洛克菲勒捐赠的礼物。我和玛丽受邀前往一个名叫艾尔华斯(Elsworth)的经销商家里。艾尔华斯曾把相当多的亚洲艺术品卖给约翰·洛克菲勒，他单身，住在一幢漂亮的宅子里，屋里陈列着许多辉煌壮丽的亚洲艺术品。在这样的场合，基蒂·哈特充当他招呼客人的女主人。其他的客人有：克利夫兰美术馆的馆长、研究亚洲艺术的学者谢曼·李(Sherman Lee)及夫人，还有约翰·洛克菲勒及布兰切特·洛克菲勒(Blanchette Rockefeller)。这是一场八个人的晚宴。

我很惊诧自己能获邀参加这次为亚洲艺术的捐赠者和有功之臣及两位著名亚洲专家举办的晚宴，因为我只有三件亚洲艺术品。其中一件是登上了纽伯格美术馆开馆展品目录的封面的那件中国雕刻。

晚餐结束后，我们徒步走了约一个街区到达“亚洲之屋”参加庆祝活动。

此后不久，约翰·洛克菲勒来到我的办公室，和我商谈“亚洲之屋”搬迁到第70大街的可能性。我建议他们就在原址不动，告诉他那个地方很受欢迎。但是洛克菲勒家族不愿听从我的建议。他们建了新馆并搬走了。

珀切斯学院座谈小组讨论了纳尔逊·洛克菲勒的生平，涉及了包括政治、教育及艺术等各个方面，还论及他母亲对他的影响。座谈会有1 200人出席，包括洛克菲勒的遗孀及其他洛克菲勒家族成员。会后，在纽伯格美术馆举行招待会，会上我和哈皮的儿子马克(Mark)做了发言，招待会由珀切斯学院的校长比尔·雷瑟主持。

我在发言中提到前任纽约市市长约翰·林赛由共和党转为民主党的事，我回忆说，多年前我曾向纳尔逊做过这样的建议。

那天活动结束后,我开车送基蒂·哈特回家。她在曼哈顿的公寓离我住的只有几个街区远。她提了一个很沉的袋子,因为那天她从长岛参加完一个唱歌活动后才赶来的。她说虽然她不需要靠唱歌赚钱,但是她靠唱歌也赚了点钱,但现在她好久没有登台了。她真是一个出色的女子。结果我们交谈后发现,我们可能是除了洛克菲勒的亲人外,当天的座谈会上最了解洛克菲勒的人。那天晚宴之后,我还很幸运能继续好几次请她做我的晚宴嘉宾。

## 明智的投资

我已经捐赠给纽伯格美术馆近 800 件艺术品。我还打算捐赠更多。纽伯格美术馆正沿着多年前我规划的道路前进,不断增添新作品,扩大了收藏范围,收集包括各个历史时期的重要作品。

刚开始,我收藏艺术品只为一个单纯的目的——帮助活着的艺术家们。现在我收藏艺术品纯粹因为我爱好艺术。我打算将我对古代艺术的收藏也捐赠给纽伯格美术馆。这些古代艺术是公元前的作品。

看到我收藏的好作品被来自世界各地的学生及艺术爱好者们研究,是我一生中最快乐的事之一。我与纳尔逊·洛克菲勒及菲利普·约翰逊一起努力,建立了这座美术馆,使其发展壮大,这是我此生最明智的投资之一。

## 第十一章

# 成功投资十大原则

股市就如波涛汹涌、变幻无常的大海，伴随着潮起潮落。股市的惊涛不及海洋频繁，但却更加惊险，更加反复无常。即使是最优秀的弄潮儿也必须小心谨慎地适时前进和后退。投资股市犹如在大海里游泳搏击，并非对每个人都合适。我建议大部分投资者应与经验丰富的投资专家合作。为专家们的指导服务付一点适量的费用是值得的。根据你的喜好买进，然后把大量繁琐的投资事宜交给专业人士打理。

如果你有大量资金，可以请一位合格的投资顾问，请一位你可以信赖同时又能懂得你需要的投资顾问。你也可以通过无佣金共同基金来有效代理投资。

有些小额投资者相当长时间以来都一直做得不错，靠自身努力可以与专业投资人士媲美。他们成功的关键点在于：他们购买一家公司股票之前，仔细分析该公司。

这些小额投资者中做得最好的一个要算保险推销员杰克·斯隆(Jack Sloan)。他比华尔街上99%的专业投资人士都要做得好。他买卖股票不多，但他是我所遇到的最聪明的投资者。

我认为，那些陷入困境的小额投资者，常常是那些一心想一夜暴富的人。他们瞬息之间就进出股市，不肯花时间好好学习。这样是很危险的。

20世纪90年代的股市投机性非常强——充满着许多变数，高深莫测。你可能在读到一则在华尔街上发财致富的报道时就蠢蠢欲动，进入了股市。但是你应该认识到，那些赚到许多钱的专业投资人士不像那些光靠运气的中彩者。大部分情况下，他们都不是在赌博(Play Long Odds)——他们是清楚自己在做什么的专家。

在每天炒股的几千万散户和机构团体中，现在比以往有更多的业余炒股人。如果你也是一位业余炒股人，而且如果我还没有把你吓退或者还没有说服你去求助专业人士的话,下面是我给你最好的建议。

从我得到的千百次教训中,我精炼出以下十大投资原则,这些原则已经引导了我近70年,让我的投资生涯既成功又快乐。

在买卖证券的68年里,我恪守这些原则,充分利用这些工具获得优势。我希望这些原则也能对你有所裨益。

## 原则之一:认识自己

在现代经济中,我们不再固守波罗琉斯(Polonius)对其子拉埃特斯(Laertes)的忠告:“永远不要找人借钱,也不要借钱给人。”但这位父亲忠告的另外一部分却比以往更适合时宜:“首先,要对自己诚实。”

你个人性格的优点会帮助你投资成功。在你开始研究公司股票、准备投资之前,要先研究一下自己。

我认为我有适合在华尔街闯荡的性格。当我在阿尔特曼公司当采购员的时候,我就发现我有做生意的才能。在阿尔特曼公司,我们把商品卖出换成现金,再用现金购买货物。对我来说,做一笔交易,更加出自一种本能,而长期投资需要更多的是耐心。交易需要当机立断做出决定。按照下面所讨论的要素来审视一下自己,你就会更清楚地知道你是否属于那种能入市炒股的人。

审视一下你自己的脾性。你是否是天生的投机者?还是你不太愿冒险?回答这个问题时,要对自己100%的诚实。你肯定能冷静地做出判断。冷静并不意味着缓慢。冷静指的是在扎实的知识基础上审慎地做出判断。有时候必须迅速果敢地行动。通常,如果你已经事前做足了功课,迅速做一个决定应该不算太难。

如果你认为自己犯了错，要尽快退出纠正。股市与房地产市场不同，在房地产市场里，你要等很长一段时间才能证明你的判断是否正确。股市不同于房地产市场的一点是，在股市里，你可以像长毛兔一样迅速出入。

你需要精力充沛。你需要对数字敏感。首先你要有炒股常识。

你对你要做的事必经充满强烈的兴趣爱好。我主要的兴趣不在于钱，但我也不想输，我想赢。

成功的投资是建立在灵活运用知识和经验的基础之上的。专注于你已有特定知识的某个领域投资是一个好主意。如果你对某个领域一无所知，也没有研究分析过这些公司和部门的话，你最好离它远点。

我没有在对外投资上投入很多资金，因为我对此一窍不通。我几乎从不买卖外国证券。我在很大程度上只是一个本地投资者。我的国际投资是通过本地公司实现的。我投资的许多大型公司在全球范围内都有业务和利益。例如，IBM 公司，至少有一半的利润来自海外。

在路博迈公司有一个国际基金会。我为家人买了一些它的股票。实际上我应该多增加其持有量，但我没有，而是更多地关注我最有经验的方面。例如，我在套期保值上有经验——在“卖空”的时候“买空”——但我并不向别人推荐这种经验。这种人必须有执着的、坚定的、耐心的个性。

个性在决定如何运用股市现代技术上起着重要作用。这些技术包括指数基金(Index Funds)、标准普尔 500 等股指期货指数，以及比二三十年前更广泛运用的买入和卖出期权。我个人不喜欢期权，但有时我交易商品期货。我不给散户推荐这种工具。

积极入市投资之前，你必经保证身心健康。不要低估健康的重要性,因为它会保证你做出明智的决策。

## 原则之二:研究高手

即使是最成功的投资者,在20世纪末的股市中也会有艰难的日子。我与他们许多投资者交谈过,只有极少数人说1996年股市容易做,尽管数据显示,那年大盘还在继续攀升。

过去许多出色的投资者在当前股市里都遭遇了困难。不过,他们过去的投资生涯里所积累的经验教训在任何时候都适用,即使是在像90年代这种疯狂的股市中也可以借鉴。

华尔街上的投资理论大体上可以分为两大类:增长型和价值型。在路博迈公司里,我们采用价值型方法买卖证券。也就是说,我们要买的证券其卖价应该是其利润的合理倍数(即市盈率要合理)。以前这通常意味着要有10倍的市盈率,但现在变了,我也考虑到增长型的因素。如果利润增长率为30%的话,我愿意以其市盈率为20倍以内的价格买下,如果利润增长率为20%的话,我会以市盈率15倍以内的价格买下。但是总体上,我会以相当的利润买进市盈率低于增长率很多的股票。

例如,可口可乐公司的增长率在10%~15%,即增长率平均为12%,但其股价与收益的比达到了37倍。那我肯定就会考虑买它。但是沃伦·巴菲特却持有许多可口可乐公司的股票。巴菲特也许是世界上最成功的投资者,可口可乐是他持有最多的股票。

我抛空可口可乐已经很久了。我很喜欢喝可乐,也常常觉得这家公司的股票价格太高了,它生产的产品对健康无益,很奇怪,生产这种不好的东西也能发展这么好。再看菲利普—莫里斯国际公司经营的烟草业,也发展得很好。毫无疑问,你投资生产不好东西的公司准能挣大钱。赌博股票也能很成功。

我青睐的一只股票是强生公司,它是全球卫生护理用品的生产巨头。我一直大力买空强生股票。我对该公司的快速增长印象非常深刻——其网络销售和网络收入的增长以及在全球范围内的增长。我认为其市盈率比较合理。

我们公司的声望是建立在这样的事实基础上的:买我们认为价值高的股票,并希望它们能继续大幅上涨,也就是说,我们买高卖高。1995 年,《华尔街日报》(*Wall Street Journal*)将我们的护卫基金连续五年放在"最佳投资"榜上排名第一的位置。不过许多人买那种已涨过头似乎还要继续涨的股票也赚了不少钱。

看看出色的投资人的投资生涯,很明显,名人成功的道路不尽相同。还有一些往往是对立的:

T. 罗威·普莱斯的成功靠的是注重分析新兴工业成长的重要性。本·格雷厄姆(Ben Graham)通过了解掌握基本价值而获得成功。沃伦·巴菲特则进一步发挥他从哥伦比亚大学的老师本·格雷厄姆那里学来的知识和经验而获得成功。乔治·索罗斯(George Soros)则是把国际金融与深刻的哲学结合起来才成功的。吉米·罗杰斯(Jimmy Rogers) 则靠发现国防工业的股票并为其老板乔治·索罗斯献计献策而成功的。每个人都以其独特的方式而获得巨大的成功。

## 1. 沃伦·巴菲特和本·格雷厄姆

沃伦·巴菲特是一个"一旦决策终生不改"的人。他买了某只股票后就一直拿在手里不卖。我相信,他是我周围最杰出的投资人。他强调他的一切都归功于他的老师——本·格雷厄姆。我与本·格雷厄姆很熟,但是我知道巴菲特比知道格雷厄姆要多。

好几年前我在一次艺术馆的开幕式上遇见巴菲特,我对他说:"我知道本·格雷厄姆对你有多重要,但是你已经青出于蓝而胜于蓝了。"

我信奉本·格雷厄姆的理论。很多年前我读过他的经典名著《证券分析》(*Security Analysis*)。与格雷厄姆不同的是,我不相信如果一只股票上涨,比如说涨50%,并且达到适当价位后,你就一定应该卖掉它。

1951年,我与本·格雷厄姆在银行家俱乐部(Bankers Club)共进午餐时,曾经向他提出异议。当时我(或者是我的公司、我的客户护卫共同基金及我自己)是三洲股票的最大股东。我手里持有这么多这只股票,因为这只股票价值非常高—— 是一只你能以资产价值33%的折扣在证券交易所买到的蓝筹股。三洲是证券交易所最大的投资信托,由一家经营保守的公司——施利格曼公司管理。

"如果我们设法拿下三洲的管理权,"我告诉本·格雷厄姆,"并且向世界宣布本·格雷厄姆将担任总裁,那么我们会有一个极受欢迎的10亿美元基金。"

本·格雷厄姆说:"罗伊,你说得完全正确;我们也可能赢得控制权。但我对此已经不感兴趣,而且过几年我就退休了。"这件事就这么到此结束了。

格雷厄姆并没有靠他所提出的定律(原则)赚到大钱,他靠的是1948年买到的政府职员保险公司(Government Employees Insurance Company, GEICO)的股份而发的财。因为公司名称里有"政府"一词,公众以为政府职员保险公司是特别保险的股票。但其实不然,它与"政府"毫无关系,虽然它最初是保险那些险情高的司机的,因为许多司机是政府职员。

当政府职员保险公司成为一个10亿美元资产的公司时,本·格雷厄姆的股份价值几百万美元。他在哥伦比亚的学生沃伦·巴菲特，曾在政府职员保险公司投资了1万美元，但他以50%的利润卖掉了。25年后，他又买下了政府职员保险公司股票并发了大财。巴菲特把这家公司从破产的边缘拯救了过来。早些时候，政府职员保险公司的股价从每股100多美元暴跌至不足1美元。即使格雷厄姆去世后，许多人还按照他的理论去做，他们都以为自己很富有，其实不然。

1996年5月，《福布斯》(*Forbes*)有篇文章说，巴菲特正处于其事业巅峰，随时可能走下坡路。我不知道这是否正确，但如果是，也并不意味着巴菲特先生会从此变成穷光蛋。即使瘦死的骆驼也比马大，最巍峨的山通常都有两面山坡支撑着。

## 2. 彼得·林奇

我认为沃伦·巴菲特和彼得·林奇是现代历史上最伟大的投资者。他俩和乔治·索罗斯一起，是我能用"天才"来形容的投资者。

如果非要我选出一位完美无瑕、全面发展的投资者的话，那就是彼得·林奇。他的性格首屈一指得好。他在华尔街上做的是无比艰巨的繁重工作，但他知道何时要停下来关注他的家人。我无与伦比地敬重他。

彼得·林奇把麦哲伦基金从很小的规模发展成140亿美元的大基金。他拥有1 500只股票，对每只都能了如指掌，并创造了比任何其他基金都多得多的利润。但是1990年，他觉得他与家人相处时间太少了，他认为他的繁重的工作安排迟早会摧毁他，于是他宣布退休。但是他并没有完全退下来。他还是富达基金的重要主管，并且是投资畅销书作家。

## 3. 乔治·索罗斯

世界上有很多好的投资人,但有更多不好的投资人,只有少数几个能被称为“杰出的投资人”(Great Traders)。乔治·索罗斯无疑是少数几个“杰出的投资人”之一。他是一位超级国际投资专家,除了股票和证券外,还操纵数百亿美元的期货和外汇。他的有些选择不一定是最安全的投资项目,它们比 50 年前要更具有投机性。但是,我对索罗斯先生的聪慧头脑充满极大的信心。

我相信索罗斯先生也是一个伟大的人物。他非常慷慨大方。他通过基金会向包括东欧和苏联在内的 25 个国家捐赠了数亿美元。他在教育、文化、科学及人权方面,都做出了重大贡献。他是其他同辈们望尘莫及也无法超越的。

有一次他主办慈善活动,我去了他家。这是很罕见的,因为他许多年一直默默无闻地支持许多慈善机构,很少声张。1996 年 12 月,他宣布计划把每年捐款的半数,以数千万计的美元,用于处理美国亟待解决的重大问题,如改善教育并保护合法移民的权益等。这一次他大大地吸引了广大公众的关注。

## 4. 吉米·罗杰斯

吉米·罗杰斯曾担任过索罗斯的助手,被公认为是有华尔街性格的人。我听说 1996 年吉米上了亚太财经频道(CNBC)电视访谈节目,并称我为导师(Mentor)。

吉米·罗杰斯来自美国南方。他年富力强,聪明绝顶。1970 年,他给我当了 9 个月的助手。我马上对他充满信心,给了他 15%的护卫共同基金去投资。现在,他是一位常在电视上与人分享他专业知识的教授。

吉米脑子非常灵活。他做事常常与众不同。他突然离开我投奔索罗斯做助手,然后立即成为第二号人物。吉米与索罗斯在一起的这段时间里,他们通过卖空雅芳产品(Avon Products)股票赚到了很多钱。我也看空(Bearish)雅芳股票,认为其标价高得太离谱了。

当吉米·罗杰斯离开索罗斯时,拿到了 1 400 万美元。此后他的职业生涯包括在哥伦比亚大学教书、上电视、骑摩托车,以及在许多国家的证券投资常识方面变得很出名。他已经成为国际投资的权威。

## 5. 迈克尔·斯坦哈特

乔治·索罗斯创立了最大的对冲基金公司,迈克尔·斯坦哈特(Michael Steinhardt)是不久后出现的另一位对冲基金专家。斯坦哈特很聪明,很有魅力(比我年轻很多),他的办公室与路博迈公司在同一栋大楼里,他有一幢房产与我在威斯特彻斯特县的房子很近。他是一位非常成功的经理,管理着一个大型对冲基金,据我所知,他也是一位严厉的老板。

1995 年,斯坦哈特对股市厌倦了。他卖掉了手中所有股票,百分之百地退出股市。他声称他已赚了足够的钱,并想追寻其他的兴趣。但是,像我一样,他照样去办公室,拿自己相当一部分钱为自己炒股。

他在北威斯特彻斯特县买了我房产合伙人的房子,还买了许多贝德福特市附近的巴豆水库边的房产。我们的房子有很漂亮的湖边景色,俯瞰整座水库。而他的房产就在水库边上。他其中的一处房产,有一个巨大的游泳池,曾经属于写《美国悲剧》(*An American Tragedy*)的 20 世纪早期小说家西奥多·德莱塞(Theodore Dreiser)。

斯坦哈特进口了许多动物,在他的房产上建立了一个动物园。他为动物提供所有东西,营造了一个类似非洲的保护区。

## 6. 罗伯特·威尔森

鲍伯·威尔森(Bob Wilson,罗伯特·威尔森的昵称)真是太棒了。他友好、聪明,是一个在许多方面远比我优秀的投资人。他也在赚钱之后从股市退出,全心往文化气息较浓的领域发展去了。

威尔森是华尔街历史上最成功的投机商之一。他只替自己炒股,只管理自己的账户,通过路博迈及另一家公司做清算交割。他是一个股市双面手,无论做多头还是空头都很成功。

当鲍伯·威尔森金盆洗手之后,他把资金分给27位不同专业的投资人士管理。每个人的投资方向都不同。

## 7. 约瑟夫·肯尼迪

约瑟夫·肯尼迪是美国前总统约翰·肯尼迪和罗伯特参议员及爱德华·肯尼迪 (Edward Kennedy)的父亲。我把他归为杰出的投机商。我在华尔街工作的头几个月为他做买卖交易记录时就知道这一点。后来我又注意观察了他在股市的操作。他在许多不同经纪人处开有许多账户。

当罗斯福总统提名约瑟夫·肯尼迪为证券及交易所管理委员会第一任主席时,我都惊呆了。但是肯尼迪先生在职期间的出色表现让我感到,你永远都不能肯定你已真正了解了另一个人。

## 8. 迈克尔·米尔肯

我对迈克尔·米尔肯(Michael Milken)触犯了什么法规不太清楚,因为我不做垃圾债券市场(Junk Bond Market)。我不认识米尔肯,也与他没有交易往来。他发明了所谓的垃圾债券,意思是这些债券的利率比美国电报电话公司等 AAA 级和 AA 级的老公司要高得多。新公司上市时他们的信用度最初比较差。

米尔肯开创了一个新市场。他如此精明以至于他在公司的报酬曾为一年 6.5 亿美元。他与巴菲特一样聪明绝顶,只是他的方向不同。从我所耳闻目睹的关于他的报道上看,我相信他是一个体面的人。

但是,我对许多其他著名讹诈公司钱财的投机商却不敢恭维。他们可能(有时候)合法操作,但是我对他们的道德感却不敢苟同。

## 原则之三:警惕羊市

我的建议是向这些投资高手"学习"(Learn)而不是"跟风"(Follow)。你可以从他们的错误和成功中获益,也可以根据你个人性格和情况做出适当调整。你的资源和需求肯定与你要模仿的人不同。

有一种非常不好的投资者,喜欢追随别人尤其是陌生人的潮流。这种潮流在 20 世纪 90 年代末期尤其明显。如果有一位了解某种证券的分析者发表了一个或乐观或悲观的评论,或者一位重量级人物发表某种高见后,投资者就会一窝蜂地跟随那些也许他们根本不认识的人。市场也就因此产生强烈震荡。

这种震荡稍纵即逝,难以持续超过一个星期。某人对某只股票发表评论,其价格就上升或下跌 10%。这既不能被称为真正的牛市(Bull Market),也不能被称为熊市(Bear Market)。我把它称为"羊市"(Sheep Market)。有时候,羊羔们被领向屠宰场,有时不过是被赶去剪了一层毛;也有时候它们很幸运,既未丢性命又未被剥皮剪毛。

羊市有点像时装界。当某位著名的设计大师推出一款新礼服或套装时,其他那些没名气的设计师就照抄照搬一哄而上。如果一款服装上的裁剪线上升或下降,成千上万的人都会追随这种流行风格。这就是羊市。

羊市给90年代的股市带来了新的问题。你永远都不能确信股市的走向,但是今天这种不确定性比以往更有过之而无不及。我对一个大体上已经持续上涨20年的股市很担心。这期间,当股市一天之中下跌100多个点,你便知道那是羊市,股市里有数百上千万的业余股民,史无前例地抢购共同基金,互相跟随;于是股市就跟随他们变化而变化。

当今的股市需要弗洛伊德博士(Dr. Freud)为之做一个精神分析。这是一个非常神经质(Neurotic)的股市,由许多与以往截然不同的因素在操纵。

不要低估了心理作用在股市中的重要性。当许多人买股票的时候,他们比卖家还要急于成交,反之亦然。除了经济统计数字及证券分析外,还有许多因素影响买或卖的决定。一个错误的买进或卖出决定往往只是因为一时的头脑发热。

在羊市里,投资者试图猜测大多数人要怎么做,相信他们能够赶上那趟顺风车。这样做很危险。大多数人可能会对股市反应迟钝。假设这是一群投资机构中的多数。有时候他们会过度相互影响,并成为其本身投资习惯的受害人。

羊市的投资者很容易听信别人的建议,最好是你自己做研究,根据各只股票本身的价值进行选择,而不是到处打探无法证实的小道消息。

# 原则之四：目光放远

华尔街上很大一部分人似乎过于关注公司每时每刻的盈利状况。现在许多分析研究公司玩得最好的把戏似乎就是抢在别人之前预测下一季度公司的收益。

这种过分关注短期收益的行为忽略了长期收益趋势的重要性。公司常常需要有支出才能构建未来，这些支出就对当前收益有影响。如果以展示当前盈利收益为主导目标，就可能对公司的未来前途非常不利。

盈利应该是长期策略、正确管理和及时抓住机遇等综合因素的结果。如果这些因素配合得当，短期盈利不应该总是成为主要考虑因素。

这种过度微观分析带来的另一个负面影响是当一家很受欢迎的企业某季度表现稍不如意，那么股市里就会惊慌失措，从而导致股价狂跌。

投资时目光放得长远一些，会让你不受一时热门影响。华尔街上从来不乏热门，从 20 世纪 20 年代的施图比凯(Stuts Bearcat)的汽车股热——到 50 年代末的保龄球股热都是如此。那时人们似乎相信，每一位美国人，包括男人、女人，甚至小孩都会成为保龄球手。但是就像呼啦圈一样，这股潮流转到了尽头。那些买得早的人就赚了一笔，那些买得晚的、在市盈率极高时买下的人，就很惨了。

联合公司(Conglomerates)曾是 60 年代的热门，当时所报的收益常是经过账面上美化过的。因此，大量购买任何股票的标准，都应该建立在能经受时间考验的坚实基础上：(1)公司产品好；(2)是必需品；(3)诚实和有效的管理；(4)诚实的报告。

投资总是多少会受运气影响，但是热门会来了又去。只要你长期观察华尔街的大趋势，你就会发现股市通常会有一些上涨的波段，持续大约两年。股市也有些下滑波，波长持续短些，大约是上涨波长的一半。在下滑期间，大部分个股走势都非常不规律，机构投资人和散户有很好的创造财富的机会。

我特别钟情于画图表。图表会立马告诉你许多有关某公司的情况或某个走势，或者告诉你的投资表现如何。即使在计算机时代，如果你把自己的进展画一幅图也许会对你大有裨益。李普曼是一个艺术家，也是一个证券所大厅交易员，他和我从30年代起就开始画图。

我的一张图表上显示，在20世纪我们经历了26次熊市和27次牛市。从1974年(尤其是1982年夏天)起，到1997年中，我们经历了一生中最长的牛市。与此次牛市不同的是，另外两次牛市(1921～1929年及1950～1972年)中间都有许多次与总上升趋势相反的回调。

有些股市跌幅很大，但大部分都较小。1996年3月8日周五，股市道琼斯指数下跌170点，成为当天头版新闻。当时显得很严重，但其实只有3%的回落，在整个股市历史上还并不算太大。历史上股市曾有多次下滑3%以上。

在真正的熊市里，股价要下跌20%以上。在1987年的那次股市大崩盘中，股市下降508点，或者一天之内下跌22.6%，比1929年大恐慌里任何一天都下跌得厉害。但是1987年的大崩盘之后紧接着没有带来熊市。在经济上没有恰当的理由解释这次下滑。当时股市上涨太快太多。当时债券的收益很高，相对股市有很强的竞争力。我有一张图表显示1973～1974年间有一段真正的熊市，当时股市下跌约45%。

1929～1932年间，股市遭重挫，下跌高达89%，那真是一个超大型的熊市。紧跟而来的是近代史上最严重的经济大萧条,比 1929 年的大恐慌还严重。1929 年的大恐慌导致瞬息之间整个财富化为乌有。而经济大萧条的严重性是在于造成了波及亿万人的、广泛的、持久的经济大混乱。

1929 年的股市大恐慌只是一个先期征兆——它预示了经济前景恶劣:迅速陷入全球经济大萧条;在美国,这次大萧条持续到 40 年代,在第二次世界大战后才得以完全恢复。这些都是我们现在的观点了,在事情发生之后这么久长期追溯以往的观点。在当时,有些人并未感到意外。尽管如此,在经济大萧条期间(1932～1933 年)都有相当规模的牛市,1937 年也出现了牛市。

大恐慌是因为股市走向极限(Extremes)才发生的对极限的纠正,即产生大恐慌。幸运的是,真正的恐慌不经常发生。1973 年 1 月～1974 年 10 月期间,主要是熊市而不是恐慌,因为这一段下跌散布于一年零九个月。大恐慌则通常要更集中、更轰动、更人心惶惶。

为了预测长期走势,需要密切注视你的图表。研究过去,做你自己的历史学家。

## 原则之五:适时进出

什么时候是买进股票进入股市的最佳时机? 什么时候是抛出股票远离股市的最佳时机?

时机也许不是决定成败的一切,但绝对是决定成败的重大时期。那些看上去好像很好的长线投资,如果你买进的时机不对,也可能让你损失惨重。但如果买进时机正确,即使是高度投机性的股票,你也可以赚钱。最好的证券分析师可以不随大流也做得很好,但紧随大流要容易得多。

当股市低迷时，那些因为愿意花大笔资金买进的投资者和投机商往往获得成功，因为拿同样的钱可以买到大量的证券。与之相反，投资者通过买的胆量，又最终创造了购买力，这是常识——在强势股市里卖掉股票，可相对卖掉较少股票获取高价。就这么简单。

准确把握机遇部分靠直觉，部分则相反。把握时机需要独立思考。上升趋势可以发生在商业车轮下落时，下跌趋势也可能出现于绝对繁荣昌盛时期。

直觉有多重要呢？伟大的经济学家保罗·萨缪尔森(Paul Samuelson)观察股市，预报了八次经济大衰退中的三次。的确如此，直觉就成为暂时与证券分析同等重要的知识。

时机有时稍纵即逝，在错误时候卖空一只好股票(股票还在上涨时)，代价可能极其惨重，这种例子很多，问问那些卖空 Litton，TelePrompTer，Levitz Furniture，Memorex 及其他股票的人——应该放空，但是放得太早的人就知道了。我认识一个人，他在 1929 年夏天卖空时输得精光，他刚好赶上牛市的最高点，股市尚未下滑之前。他没有钱做储备来熬到那年秋天股市暴跌的时候。

牛市通常比熊市的持续时间要长。股票价格的上升通常比下跌时缓慢，或者更捉摸不透。熊市通常时间更短、更剧烈、更集中。但是股市有一种相当持续的习惯。现在股市和企业很少能持续上升超过六个月。它们下跌时间也不会超过六个月。

在牛市里，明智的做法是要抑制自己的贪心。华尔街有一句话："牛也赚钱，熊也赚钱。但是猪就赚不到钱了。"(The bulls make money，the bears make money. But what happens to the pigs?)你不能赚 101%的钱，你甚至不该试图 100%赚钱，你的目标就是赚到大趋势的 66.67%就行了。赶快退出，然后重新投资买进一只新研究过的股票。

还记得理查德·惠特尼是如何看着他的股票在1929年暴跌最后竟被血洗一空的吗？他忘了遵循这条10%停损原则(百分之十原则)。即:如果股价在一路下跌,那么在你损失10%时认赔,抛出斩仓出局。这条原则帮了我很多次。把钱投在别处通常比固守一个错误要更有意义、更有成效。

我常看到投资者们顽固地坚守一个仓位,导致潜在损失增大,结果花许多年才收回本钱。

还有一种投资者,在账面上亏损之后,好不容易熬到有机会把账面持平后,就迫不及待地抛出股票解套,竟然没有重新审视一下当前的新形势。往往这时十有八九,又应该买进这只股票,而不是卖出了。

从这样的情形得到的教训是,市场不知道这些个别交易的存在。某种股票的价格并没有神奇之处。投资者必须经常学会评估和再评估市场的古怪行为。不仅只是业余股民未能认识到这点,许多投资顾问也相信应该长期投资普通股票的投资组合。但是他们持有某种股票时间太长。我认为,当证券价格已经攀升到远超过其价值时,就必须卖掉,哪怕这些债券是由政府职员、教师还是任何其他人所持有的养老金基金。例如,早在20世纪70年代早期,我认为施乐复印机(Xerox)股价超高。该股价曾卖到收益的77倍之高。跟其他投资者一样,我的判断也可能出错,但是我那次对了。1973年,施乐复印机的股价就遭到重挫。

当某证券开始以高于其内涵价值相当的价格卖出时,你抛出时唯一的问题就是要纳税。人们总是试图要逃税,那是一个巨大的错误,尽管缴税就好了。

尽管股票价格不是在大盘最高点,你也可以卖掉股票拿走你该有的利润。伯纳德·巴鲁克(Bernard Baruch)是一位非常擅长把握时机的投资者。他的投资哲学是有钱赚就好,不要贪财。他从来不尝试去等波峰卖出或波谷买进。价格下跌他就买进,价格上涨他就卖出。他提倡早一点买进,早一点卖出。我们公司很幸运能在他生前的最后几年里让他成为我们的客户。

华尔街上有一个秘诀:如果你持有一只股票时间足够长,你就会赚到钱。就整体而言,这是正确的,但它不可能放之四海而皆准,不能应用到针对某一家公司。因为公司是会倒闭的。在19世纪,伊利运河(Erie Canal)证券曾是很好的投资对象。

1996年底,IBM是大盘上最强劲的股票。未来某时,计算机行业也会放慢发展脚步并被一个更新兴的发展行业所替代。我能想象有一天电脑行业像伊利运河那样被淘汰。

历史上的此时此刻,普通股票是投资的最好形式。在另一个时刻,可能会是房地产。人必须学会适应改变。每件事都会变化。我相信你不可能永远对任何一个行业有信心。

## 原则之六:研析企业

分析研究公司的管理、领导人、公司过去的运营记录及他们的目标。核对一下公司的有形资产——厂房及设备等实物的价值——和每股股票背后所有的现金。这种观念在20世纪早期很受重视,但是后来已几乎被人遗忘。

今天,随着富裕繁荣的社会观念的淡去和能源供给不再无穷尽,公司需要更多的石油和天然气的储备、房地产未开发的煤矿和铜矿、大片的森林及其他资产等又在为评估某只股票价格时,增添了极重的砝码。为何不可增加砝码呢? 有形的东西如古董家具、古代和现代艺术及房地产都已经经历了大幅升值。如果一家公司拥有许多不动产，那就是你拥有这只股票的理由。但是这些资产应该与公司的收益能力相挂钩，因而与其终极价值捆绑在一起。

公司有红利可分的话，就多增了一个重要筹码。如果公司的分红派息很稳定，它就会有助于价格上更上一层楼。你要查看一下公司的股息支付政策。如果公司拿其收益的90%支付股息，那就要当心了——这通常是公司股息被截断的危险信号。如果一家公司支付的股息只有10%，那也是一个危险信号。一般把公司平均支付收益的40%～60%作为股息。大部分公用事业公司支付股息时要更加大方。

许多机构投资者太不注意实际股利的支付情况。矛盾的是，个人投资者因为关心他们收入的最大化，常常非常关心且重视股息的比重大小。

多年来，大的成长股只付2%的股利，呈笔直上升发展趋势；另一方面，公用事业股票在20世纪60年代初期经历了困难时期，尽管这样，那时还是支付了4%的股利，后来股息翻倍。

什么是“成长股”(Growth Stock)？聪明的成长股偏爱者认为，成长股是指一家公司的股票在其发行上市早期就被人发现其潜力。但是，常常这个标签在该公司变得成熟后还会跟着这家公司。这时其成长速度放慢了，但投资个人和机构照样买，因为这些投资者的想象力没有超出其表象。

“成长股”一词并无神奇之处。“成长”一词表达了我们所有人都努力的方向。这个词流行之前，投资者和投机商想方设法要预测哪些公司将会有良好收益、有相当的业务量及良好的声誉。每个人都希望能发掘一家生产新产品的公司，而这一新产品将会被广大民众普遍使用。其中的窍门在于你要在这些公司股价变得昂贵之前，就得发现它们。

有时候,一家公司的股票跌下来之后,投资人需要重新发现这家公司的股票价值。20世纪60年代末和70年代初的许多热门股票曾以多倍的市盈率售出,后来则急剧下滑。有时候,公司本身没有问题,下滑的原因仅仅在于股价本身太高了。好几只这样的股票后来又变得有吸引力了。这些是能承受住时间考验的公司。它们比一般的大公司要好得多,并且它们的成长率也更能承受得起考验。

在20年代,埃德加·史密斯(Edgar Smith)出版了一本经典的好书《长期投资普通股票》(*Common Stocks for Long-Term Investment*)。这是20世纪20年代首要影响股市的书。到1929年秋天,该书依旧流行。但是许多人读到这本书时已经太晚了。史密斯先生主张把留存收益和资本折旧有机应用起来,将有利于公司的成长,从而使资本升值。这本书已经在改变人们可接受的市盈率倍数方面颇有影响,由10倍于收益到更高的20倍或30倍于收益的市盈率。

人们常常为想当然认为持续增长支付太多,结果只是发现一个整体的经济下滑、一个战争行为,或者一系列政府的调控,或者改变了人们对其成长率的评价,或者改变了成长率本身。

很难有一只证券在多于15倍于收益的情况下价格还可能被正确地评估,因为很少能明确地期待公司的收益会在未来大幅上升达到能够支撑的那个价格。我们知道也有例外,但例外只占约1%。这就解释了为什么当你付出特别高的价格时,成功的机会不能垂青于你。

虽然许多公司的股票以6～10倍于收益的价格在卖。一家成绩卓越的公司的市盈率在10～15倍之间对我来说还可以接受。两组股票都可能有可以被接受的价值。

你应该经常计算一下一家公司的总市场价值。那样你才能更好地把握其价值。

20 世纪 70 年代末，IBM 公司的总市场价值是 400 亿美元。当时，美国所有公司的财富估价约是 9 000 亿美元，所以 IBM 公司的 400 亿美元是一个巨大的数字，占据很大的比重。但 IBM 是一家非常特殊的公司。另一方面，在 1961 年，当 IBM 规模还很小时，公司在股市上的总售价达到 160 亿美元，是收益的 80 倍，股价非常高。第二年，其价格就暴跌至 50%。

1972 年，雅芳产品以 80 亿美元的价格在市场上销售，当时它的收益约 1.25 亿美元，总市场价值是总收益的 64 倍之多。这被证明太高了。在 70 年代早期，雅芳是我首要放空的对象，我很高兴与吉米·罗杰斯的判断一样。我在自己的账户里放空了雅芳，但没有为机构客户放空。我认为它的价格高得太离谱。当熊市终于来临时，这只股票暴跌到原来的 1/10。

我有一段时间在雅芳上赔钱。我不得不有耐心，结果收回了投资。

## 原则之七：不要迷恋

在这个充满冒险的世界里，一个人可以爱上某种思想，爱上某个人，或者爱上某种有可能性的主义，但是你千万不要爱上某只特定的证券。毕竟，证券不过是一张纸，仅代表你对某公司的一部分所有权。它仅是用来获取利润的工具而已。

我在事业早期就学会对股票要持怀疑态度，并灵活处置。我也学会要快速采取行动抛出股票，宁愿承受少一点的损失而不要对某只股票情有独钟，让其拖我下水。当我对某只证券错误投资时，我会努力在损失 10%左右时斩仓出局。

有些人过去特别幸运，迷恋上某种一直攀升的股票。但那并不是足够的证据,并不足以说明这种做法可行。

换言之,爱上一种证券可以,但不要在其股价超涨之前。超涨之后,就让别人去爱它吧。

## 原则之八:投资多元化

套期保值——是指买空某些股票同时卖空另外一些股票——在1929年挽救了我的资产,但我并不推荐给别人。你如果试图这么做的话,也可能会赔本。你在买空和卖空的两边同时承受巨大的风险。套期保值是非常困难的操作方法,除非你刚好找到一只可以套期保值的股票,否则的话不要这么做。但这种机会不会常有。

套期保值让我在风口浪尖有一个安全锚。它给我更多耐心去坚持买空仓位等那些被低估的股票上涨。它使我能更少关心那些笼罩市场的心理恐惧。

我个人套期保值是因为我开发出自己套期保值系统之后,感觉很好。当我于1929年卖空美国无线电公司的股票时,在我的投资组合中其他股票上保持着买空。无论大盘怎么走,对我来说都一样。如果股市上涨,我有些股票可以赚钱;如果股市下跌,我也可以拿其他股票赚钱。我的套期保值被证明为是一个及时的、赚钱的做法。在1930～1932年间发生的熊市迫使你不得不卖空,如果你想要赚钱的话。到目前为止,这已经变成我某种程度上根深蒂固的习惯了,虽然也完全可能不使用这一套。

商品市场的专业投资人士用套期保值作为保护手段。有时股市新手也用套期保值作为一种博弈的手段。我不赞成,但也没有理由反对它。

套期交易资金是真正的、现代形式上的套利。一个世纪以前,当你在纽约和伦敦买同样的证券时，一座城市与另一座城市之间的价格会有一点偏差。投资专业人士在某座城市买相似的证券，再到另一座城市卖掉，从而赚取非常小的一笔利润，但这利润几乎肯定是稳赚的。

那时，这种套利的盈利因素与风险因素都远低于今天的风险套利(Risk Arbitrage)。我相信，今天风险套利非常有风险。

虽然我为自己的账户套期保值，但业余投资者不可能单独操作套期保值。套期保值没有任何保障。它需要遵循许多清规戒律。你可能在买空或卖空的任何一方甚至两方面同时赔钱。

如果你坚持要套期保值并且有有经验的人帮助你操作的话，请务必同时保持相当的多元化投资。保护综合性的投资前景，确信有些你主打的投资是保险的，试着增加你的收入和你的资本，并使你的投资多元化。

自1929年起，我就一直没有赔过钱，虽然有几年我也仅仅只是收支平衡、不赚不赔。即使在那些年里，我还是学到了许多。随后那些年里，我收入可观。多元化是这个常胜公式中重要的一个组成部分。如果你不相信我说的话，读一读杰拉尔德·勒伯(Gerald Loeb)的有关投资的书，他写了大量的有关把你所有的鸡蛋放入一个篮子的问题。曾经，许多年前，他把他所有的鸡蛋都放入纽约中央铁路(New York Central)和宾州铁路(Pennsylvania Railroads)。结果两个都破产倒闭了。他的鸡蛋也全没了。

你应该知道只有少部分人会把他们所有的钱投入股市。投资者是各式各样、形形色色的。那些把其财富的不足10%拿去投资证券的投资者，或那些投入其收入的100%的投资者，应有尽有。当投资回报率非常高时，普通人应该考虑拿出相当一部分去投资债券。

为了维护平衡，投资人必须灵活机动。我知道一个投资者有50

年没买过债券但做得很好,50 年后他才第一次买债券。他足够灵活地意识到半个世纪之后,买债券的时机到了。

## 原则之九:审时度势

我说的“时”和“势”,既指股市的大盘走势,也指股市之外的世界时事。无论你使用我推荐的哪一种程式,你都需要把它们同你所处的当前股市联系在一起。

在评估大盘形势时,要看百分比而不是数额。下降 100 个点,是很大的数字,但也许这 100 点的跌幅在大盘上只有不足 2%。

密切注意能源供应情况。中东危机导致了原油价格上涨。石油股票在 1980 年涨过头了,后来导致一连好几年石油证券的低迷不振,跌了 1/3 甚至更多。

密切注意美国汽车销售量情况。汽车销售正变得愈发竞争激烈。在科技类公司中,至少有百家公司需要注意。但是,在机动车制造业,只有三家:通用汽车公司(General Motors)、福特公司(Ford)及克莱斯勒公司(Chrysler)。通用汽车公司许多年前曾经管理混乱,但现在管理很好了。它是这三家公司总营业额最多的一家,多于 1 500 亿美元。其产品也在过去的 10 年里得到大幅度提高。

福特没有通用那么大,但它与通用公司一样,管理同样好,而且有许多好产品。克莱斯勒在某种程度上比福特小,但它也比过去的管理更加进步了。

经济状况有时在股市中扮演重要的角色。我见到过因为公司雇佣人数增加,而导致公司业务活动增加,从而改变了债券市场,使得债务大幅下降。还有些时候,市场根本不在乎经济状况。例如,1961 年,股市投机性很大,尤其是在新发行上市的股票方面。这些股票公开发行，价格很高。到1962年，股市下跌35%～40%。但下跌原因不是因为经济状况的改变，那时的经济状况相当好。股市下滑是因为股市内部状况的改变。

不要过度关注经济学家的评论。我很尊重许多经济学家，许多经济学家也是我的朋友和客户。而且我学了大量的经济学，但是这些不能帮我在股市上投资。我的经验是，就股市而言，经济学这种“沉闷的科学”(Dismal Science)，分文不值。

观察市场时，我通常能察觉出经济衰退的苗头和经济复苏的迹象。经济衰退及复苏常给投资者机会去用所谓保守投资办法来达到翻身的目的，诸如买短期国库券(Treasury Bills)、长期国库券(Treasury Bonds)和中期国库券(Notes)。短期国库券通常由大型投资者采用。你的钱投资国库券比投资任何其他地方都安全，甚至比放在你枕头下都安全。

你不需要有经济学家告诉你去注意利率。没有任何一个工具比用利率上浮下调的走势来预测股市的涨跌走势更重要了。低利率比任何其他现象都更好地显示商业状况很差。

观察股票和债券收益率的差距。在债券利率持续低迷的20世纪50年代里，公用事业股票相对非常有吸引力。后来，高收益的债券开始与公用事业股票争夺投资人的资金产权。

通常，当短期与长期利率开始上涨时，就给股票投资者一个信息：赶快躲避高峰(Run for the Hills)吧。

做投资决策时，你是否也应该关注天气情况？许多人是关注的。马克·吐温(Mark Twain)曾说过：“10月是投资股票最危险的月份。其他危险月份依次是：7月，1月，9月，4月，11月，5月，3月，6月，12月，8月以及2月。”

有迎合季节的股票吗？是否玩具股票应该在夏末买进以待圣诞

节买玩具高峰的到来？那么是否也相应买进些零售业的股票？如果你预见到将有一个酷暑的话，是否在春天就应买进啤酒股票？

即使每年都有些不确定的小出入，季节还真的是重复循环的里程碑。有些人注意到股市行为的经常反复和重复，就试图寻找一些股市与季节的关系。许多人预测或希望股市在夏天会是淡季，没有波澜，以便他们能享受一个无忧无虑的暑假。但是在有些年里，夏天才是应该留守紧密注视股市的季节。例如，1970 年的价格凝固不动，及 1929 年夏天股市涨到最高峰都应该紧密关注。

通常，人们期望秋天里商业活动能增加。但有时也会有秋天特有的飓风出乎意料的来临。然后阴冷的冬天接踵而至，每个人都认为世界很寒冷。但是接着又会有对新年的期待和展望。一个气候恶劣的冬季(冰天雪地、寒冷无比)，意味着需要消耗更多的盐去除雪和更多的燃料取暖。还有，大雪纷飞的冬天也表示有更多的人滑雪和去温暖的地方度假。

我们最大的希望是在春季。百鸟争鸣，春雨绵绵，万物苏醒，草木吐青，时光荏苒，世界万象更新。在华尔街上，这正是判断新一年里农业发展的时候。哪里需要新化肥吗？拖拉机呢？优良稻种呢？其实，这些决策你也可以任何时候去做，不一定非得依赖季节的轮换。

我愿意选择那些四季皆宜的股票。不一定要根据年历来决定投资。对敢于冒险的投资者而言，只要意识到机会无所不在，生活的乐趣和投资的乐趣会因季节的交替变换而变得更加有趣。

## 原则之十：不要墨守成规

至少不要太奴化地因循守旧。我的观点也随着我们这个星球上甚至超越这个星球的经济、政治、科技的变化而改变。你愿意随着新的情况变化而更新的观点将至关重要。

不要完全照抄照搬我的做法。如果你照搬,你会发疯的。你必须要为自己选择适合自己的方式,就像我为自己选择的那样。在华尔街工作是一个精彩的、令人兴奋的游戏。它令我鼓舞,用我的头脑去分析即将要发生的事。如果我教会了你如何用不同的方法使用你的大脑,那么我就完成了作为老师的第一个使命——让人变得有可塑性。你也就完成了更重要的一课——如何学习。

90%以上的投资者都是多头(Bulls)。只有非常少一部分投资者是空头(Bears)。美国人不容易成为空头,因为这与美国人天性中的乐观性情相违背。他们不愿去想也许明天就是世界末日了。我也不愿这么想,但是我经常知道明天一定会变的。

我在空头市场里做得好,因为我是一个乐观的、与常人看法相反的人。如果许多人都对股市变得悲观的话,我反而会乐观起来;反之,如果许多人都很乐观的话,我却会变得悲观起来。与此同时,我又是一个套期保值者,在股市涨跌两头都下注。

我并不是催促你对空头市场悲观,当然也不是要教你去套期保值。做一个有“展示自我”(Show Me)之称的密苏里州来的人,用我教你怀疑我的方法去怀疑市场。

我试图向你展示我在华尔街上是如何成功的。你会以自己的方式去获得成功。我的那些技巧也不时地进行调整,随着我从错误和经验中不断学习而调整。每个人都可能犯错误——重要的是要尽快意识到你在决策中犯的错误。

我在华尔街工作的68年里,我约有30%的时间犯了错误。这意味着巨大的损失。但那正确的70%是很重要的。如果某个投资者一直正确,不犯错误的话,他就已经积累了相当一部分世界财富。但是就如你所怀疑的那样,不存在总是正确的投资者,除非在撒谎。

## 第十二章

# 94 岁时的反思

因为我 94 岁时还在工作,人们会问我有关未来的问题。我对过去已经发生的事倒是知道一点儿,这也许会给我一点关于未来的想法,但我不愿假装成一个占卜未来的预言家。博古或许可以通今,过去的知识或许可以给我们一些有关未来发展的线索,但是未来要靠新一代的信仰和行动去决定。

## 未来谁主沉浮

华尔街上会又一次出现大恐慌吗? 也许会。但是现在股市里设置的保护措施应该会保护美国和世界不再重演 1929 年及其后几年的大灾难。

未来很大一部分还取决于美国最富有的人是否会明白,他们其实并不需要变得那么富有。他们已经有足够多的钱,而且他们大部分人对公益事业和重要政府计划都捐赠太少了。

20 世纪已经有 26 个熊市出现。历史当然可以使人相信第 27 次不可避免。任何人都无法预测出下一次熊市到底持续多久,并会导致什么样的后果。

共和党人温德尔·威尔基(Wendell Willkie)是一个反孤立主义者。他曾参与竞选 1940 年美国总统,后来作为罗斯福总统的特权大使到海外游说各国。他曾写了一本预言性的书:《一个世界》(*One World*)。在该书中,他预测了一个全球相互依存的情形。不难预见,世界会继续缩小。

世界的主控权将由一个国家转到另一个国家。在 19 世纪,法国政治家阿莱克西·德·托克维尔(Alexis de Tocqueville)预测美国和俄国会主宰 20 世纪。结果证明他的预言是对的。如果要我猜测 21 世纪的主宰国家,我猜世界将由亚洲主宰,不是由日本领头的亚洲而是由中国领头的亚洲主宰。中国人口已超过10亿。中国是一个伟大的民族,中国人智商很高;他们极度机智,会发明创造,雄心勃勃。毕竟,中国人发明了车轮——这是一个简单的东西,但对人类历史的发展却起到了决定性的作用。

美国注定也会继续保持其国际社会里的重要地位,因为它也是一个充满发明创新的国度,而且服务业经济增长日渐强劲。美国文化比中国文化更加多元化。我们人口中亚裔人口的比重比中国人口中美国裔和欧洲裔人口的比重要多得多。

我不可能预测出所有经济及地理政治的关系,但是很明显,中国作为世界大国,其发展壮大将对华尔街的未来乃至美国经济和外交政策未来产生至关重要的影响。

## 纽伯格基金会

我的部分哲学是:如果你赚钱,你就该花钱,并且把钱花在刀刃上,花在那些对你很重要的事情上。

1995年我想增加我对道德文化协会的年度捐款,并且鼓励别人也更多地捐献;于是我捐出了一笔挑战资金(Challenge Grant),抛砖引玉,寻求相应的基金捐助。这笔资金是通过纽伯格基金会捐出的。纽伯格基金会始建于1954年,作为一个服务通道,每年输出几百笔慈善捐赠。(我每天都收到基金会的情况报表。我不明白他们为什么如此勤快地给我送报表。也许那只是计算机时代里你每天不得不忍受的事情。)

除了道德文化协会和道德文化学校之外,相当多数量的非营利性机构从纽伯格基金接收到了援助资金,包括一些艺术组织在内。我已经连续半个世纪为美国艺术联盟提供援助。但我从来没有通过纽伯格基金买过艺术作品——我所有的艺术品都是拿我自己的钱买的。

我最大的快乐是给大都会博物馆捐赠礼物。我从早期就开始积极地给现代艺术馆捐赠。我相信它已在这方面成为领先全球的博物馆。

纽伯格基金使我可以提供500万美元挑战资金给珀切斯学院基金会,该基金会位于纽伯格美术馆内。我鼓励威斯特彻斯特县的人们及临近的康涅狄格州费尔菲尔德县的人们在3～5年里去捐相同金额的资金,为了美术馆本身的利益,也为了整个珀切斯学院的利益。

我建议让我的女儿安娜担任下一届纽伯格基金会主席。最初,这不是一个家族式的基金会,但我几年前决定,要把我的孩子们带进来。到目前为止,都是我决定基金会该往哪里捐钱。有时我的家人提出了有价值的建议。在把基金会传给下几代的过程中,我意识到我的孩子们可以从中学会很多功课;也明白了他们会更深刻地体会到付出所带来的快乐。他们会更深切地体会到爱默生式(Emersonian)的"捐赠者即是接受者"的道理。

我尤其喜欢以我夫人玛丽的名义捐赠礼物。其中这些被捐赠的对象有布林·莫尔学院,即玛丽的母校,她在那里作为托管人。最近,以玛丽的名义,我又给妇女城市俱乐部(Women's City Club)捐了一笔挑战资金。这是一个有影响力的积极组织,他们针对都市问题的研究改革提出建议,时常影响公共政策。玛丽在这个组织中许多年来都很活跃,还担任过几届该组织的主席。

我们还帮助过公共电视台及医院,尤其是纽约的列侬克斯山医院(Lenox Hill Hospital)。

因为我一生中大部分时间都住在中央公园附近,我每年都会为中央公园花房(Central Park Conservatory)捐款。我认为他们在帮

罗伊接受妇女选举投票者联盟为玛丽和他颁发的奖(由 Peter Wing 拍摄,版权所有,翻印必纠)

助保护一块奇特美丽的瑰宝上做了非常大的贡献。几百万人在春天、夏天及秋天周末享用中央公园。即使在平时,也总是有许多人享用这个公园。

作为个人,我相信应该帮助那些需要帮助的人。我不能通过基金救助个人,但最近,当我通过个人捐钱给别人时,发现还有许多人亟待帮助。能帮助他们真是一件令人非常愉悦的事。

我们这些足够幸运已经取得经济上成功的人,应该有着高度的责任感去对待我们的子女、我们的民族及我们的社会。

令人振奋的是,有些慈善家做善事并不自吹自擂,不把名字刻入建筑物的金属片里为的是让思想因此不朽。1997 年 1 月,我读到关于著名免税连锁店企业家查尔斯·费尼(Charles Feeney)的报道,我非常敬重他。他已经默默无闻地为各类教育和文化中心捐赠了 6 亿多美元。

罗伊与纳尔逊·洛克菲勒的儿子马克·洛克菲勒在1996年纽伯格美术馆成立招待酒会上(感谢纽伯格美术馆提供该照片)

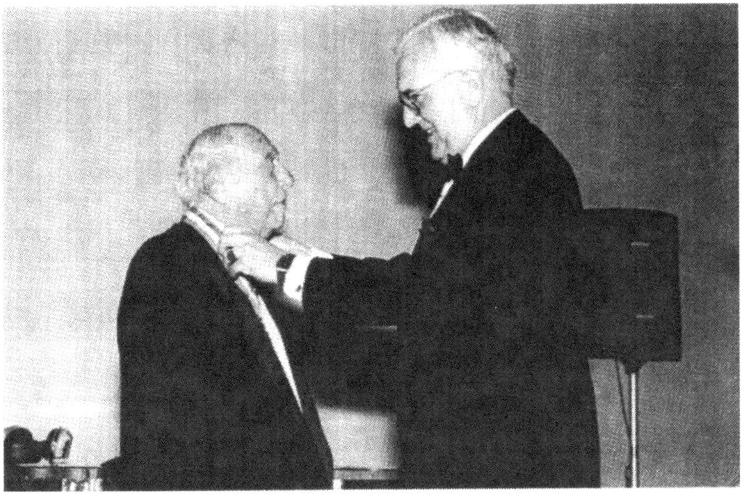

1993年4月,罗伊接受威斯特彻斯特县执行官安德鲁·P.欧罗基颁发的杰出服务勋章(由纽伯格美术馆 Jim Frank 拍摄)

我从未与查尔斯·费尼谋面,如果不是因为法律迫使他必须在行善许多年后透露他的基金会的存在,我甚至不会知道他慷慨解囊的善举。我为费尼先生的谦逊致敬,为他坚定的意志致敬以及为他给我们这个社会的优良品质所做的贡献致敬。

## 运动与长寿

有时我会被人问及我长寿的秘诀。我到底做了些什么使我能活到94岁?我经常从事一种几乎快被汽车灭绝的运动,这种运动叫散步。

当然,在我与时间老人拔河的过程中,还有其他因素使我能长寿。其中,运气是很重要的一点,幸福快乐也帮了不少忙。另外,万事中庸有度也起了很大作用。还有别忘了——尤其是如果你退休了,一定要多做一些能使用脑子的事。

我与我父亲只相处了12年,他老人家在世时,时常引用本·富兰克林(Ben Franklin)的话来教导我:早睡早起身体好(Early to bed and early to rise/ Makes a man healthy, wealthy and wise)。

这句话那时听起来有道理,现在就更有道理了。我每天早上5:30~6:00之间起床,接着马上做一些适度的锻炼,然后再冲澡。

我打开美国有线电视新闻网(CNN)看早间新闻,掌握昨晚发生的新闻动态,7:00准时吃饭,吃饭时设法读完三份报纸:《纽约时报》《华尔街日报》及《投资者商报》(*Investor's Business Daily*)。我不可能把三份报纸都读完,后面两份报纸经常被我拿去办公室读。通常我留下《纽约时报》回来再读,但我常把周二的科学版送给我的司机吉米,他懂得许多关于科学的东西。

有时候在7:50~8:00之间——最迟到8:00,我就到中央公园去与我的朋友们一起散步。中央公园比第五大道风小,适合散步。风到河畔大道时更为恐怖,第五大道是一个风口。我发现纽约最近风越来越多、越来越大了,这些风不仅仅只是从政界里刮来的。当然,我也不如以前那么能走了。当我 80 岁的时候,我还能走很长的一段路。

这些年来我跟许多不同的人一起散过步。目前我的散步伙伴是投资顾问艾尔·菲恩曼(Al Feinman),还有老朋友阿贝·坎纳(Abe Kanner),他妻子于 1996 年去世了。阿贝是我的老朋友,是一个很好的人,一个真正的知识分子,同时也是一个成功的商人。我们三人一直散步到 8:30 左右,然后各自去自己的办公室上班。

到上午 8:45 止,我已经锻炼了,读了报纸,吃了早饭,看了早间新闻,散步了 30～40 分钟,到了办公室,打开电脑,准备好面对新一天的挑战。

一周三次——周一、周三和周五,下午 17:00～17:45——我在外面跟私人教练做运动。在这 45 分钟里,我做 42 节运动。(有些一节超过 1 分钟,有些一节不到 1 分钟。)这要花费我 45 美元,就是 1 分钟 1 美元——但很值得。这是每个人都能做的简单运动:

(1)靠着椅子。一条腿提起,弯膝,踢腿。这样重复 10 次,再换另一条腿。

(2)从椅子上站立坐下 20 次。

(3)身体平躺在沙发上,双手抱膝至胸部 24 次。

(4)举 1～2 千克重的东西。

这 4 节练习与其他 38 节练习可以站着做,也可以躺在床上做,或者坐在椅子上做。

我特别要努力练习提高我的腿部力量,以便我能走得快点、走得远点。

1993 年，在儿子小罗伊的陪伴下，老罗伊吹灭了 90 岁生日的蜡烛

纽伯格全家照：儿孙们在罗伊和玛丽结婚五十周年纪念日聚会上，摄于 1982 年

# 道德文化

钱能使世界围着它转,但我不相信。我知道艺术不能使世界围着它转,但我的确相信艺术。

如果那听起来有些自相矛盾,请别着急。很久以前,我找到一群人,我跟他们相处很舒服,这些人就是道德文化协会的人。道德文化协会已经成为一盏为我人生导航的指明灯,是我和玛丽一起在社会和教育方面的中坚力量。最初介绍我加入道德文化协会的是我妻子的家人,我一直对我岳父母家(介绍我参加道德文化协会)充满着感激。我在协会里一向是一个积极分子。我曾当了 4 年的会长,还帮助成立了会友委员会,为协会寻求经济援助。玛丽和她的兄弟们都是道德文化学校的毕业生:先进入为小孩子们开办的道德文化学校(我认为这所学校是纽约市最好的私立学校),后来进入菲尔德中学(Fieldston),是河畔区这边很著名的中学。后来,玛丽曾连续 13 年担任道德文化协会学校的董事长。

我们的三个孩子也从这些学校毕业。他们受到了良好的教育,并且深受阿尔杰农·布莱克(Algernon Black)博士的启发。布莱克博士在道德文化协会担任了多年领导,他教孩子们道德文化课。

道德文化协会由无神论哲学家费利克斯·阿德勒(Felix Adler)创办,此后优秀的约翰·洛夫乔伊·埃利奥特接任领导。我对埃利奥特记忆深刻。他在 1932 年 6 月 29 日我和玛丽的婚礼上担任婚礼主持嘉宾。道德文化协会是一种准宗教,是一种生活哲学,曾经深深地吸引了我,现在仍很吸引我。它强调教育的重要性,强调了解别人的重要性,以及强调过一种有道义的生活。尊重所有人,奉守如果你想要人如何待你,你就应如何待人的黄金法则。它鞭策着我们竭尽全力,尽最大可能完成维护伦理和道德的标准的使命,为人类和社会服务。

道德文化协会号召人们行善,要求人们观察生活中的事实,而不是寻求神话。它不信奉在人们所做的每一件事上影响别人,而是鼓励人们竭尽所能做到最好。也许,其务实性就是道德文化协会(法律上为宗教)相比其他宗教门徒较少的原因。它在态度、方法、习惯及性格修养方面可以提供一些积极的东西,但它不靠漂亮教堂和镶嵌的玻璃窗诱惑人。

它本应该是一个庞大的组织机构。它理应有几千万成员,但是实际上只有数千人。透过理想主义、人文主义的观点来得出哲学结论,应该是广泛有益于世人的。协会成员为他们各自的社区都做出了很大的贡献。许多人在不知不觉中已经成为道德文化协会成员。道德文化协会应该值得被所有相信世界明天更美好的人及所有愿意参与构建世界美好明天的人好好研究一下。

## 政府职能

美国政府喜欢关注于某些错误的事情。它对教育不够关心。我们的教育机构会使我们经济更加快速增长,比公司合并更能使经济增长快得多。

克林顿总统(President Clinton)在他的财政预算案里也已经显示出其对教育的重要性有些认识。但是整个政府似乎对政策更加感兴趣,这些政策只能使富人——即前 2%或 3%的人口——变得更富有,同时只能让 20%～25%的人勉强糊口。

忽略其所有的瑕疵,克林顿在平衡预算方面很有贡献。里根(Reagan)尽管很有个人魅力,但他制造了许多糟糕的问题,使我们迄今尚在努力解决之中,包括美元的下跌和数兆美元的国家债务。

平衡预算非常重要,但我们的社会有其他更加亟待解决的问题需要去处理。要求平衡预算的一次修宪,会剥夺人民、国会及总统制定 21 世纪里不同历史时期内我们施政优先权的能力。

我们需要更进一步审视一下国防预算。20 世纪 80 年代,国防预算飞速增长,同时税收减少,由此导致债台高筑。美国不可能有能力去担当整个世界的警察。然而,它应该偿还拖欠的联合国会费。联合国把世界各国团结在一起,支持各种各样的紧急人道主义援助工程,许多工程甚至不在新闻报道之列。

我们还应确保大量的金钱不被国防承包商花掉。真正从事军事服务的军人们的薪水都少得可怜,许多军人训练用的武器、战车和飞机都亟待维修。成千上万的军人家庭要依赖食物配给才有饭可吃,这是全体国民的耻辱。

如果我们要在 2002 年前达到平衡预算,我相信我们至少需要收欧洲汽油一半高的税。这样我们每年国库可多有 1 000 亿美元进账,用来关心那些真正受苦受难的人,并恢复政府财政的稳定。该项政策也可以通过限制个人使用汽车让更多的人搭乘快速公共交通,达到改善环境之功效。很不幸的是,汽车已经过多,不仅是在美国,而且在其他国家也是如此。1996 年初,专栏作家托马斯 · 弗里德曼(Thomas Friedman)在《时代周刊》(*Time*)上发表的文章中写到曼谷的状况,他说:曼谷在工业上有巨大发展,但交通如此拥挤,几乎寸步难行。

我只建议收欧洲汽车税的一半是因为美国大部分人必须得驾车行驶很长距离。如果油价大幅上涨,就要考虑到地理因素,尤其是那些没有或公共交通不发达的地方,每天人们又需要去很远的地方上班。削减美国铁路(Amtrak)是一项目光短浅的政策。

削减国税局(IRS)人员也是美国一个巨大的错误。更多的人将能够因此而偷税漏税。

这些税收如果不损失的话,本来可以让政府支持更多的大型项目,如支持利用太阳能的科学研究等。太阳能很简单,可能艺术家而不是科学家对此更感兴趣。但是20年前,许多城市都开始使用它了。如果私人企业生产耗费成本太多的话,公共利益应该由公共基金来承担。用可再生能源来解决我们能源问题的一个重要影响,就是我们可以今后不再看产油国的脸色行事。

我们在社会保障上需要直接对话。硬性规定人们75岁以前必须退休,结束他们的职业生涯,这简直就是荒谬。你不能那样限制一位艺术家或伟大的音乐家。如果我们珍视老年员工和主管人员的经验、智慧和能力的话,我们会成为一个生产力更强大的国家。人们通常在他们事业巅峰时不得不被强制退休。

克林顿政府和共和党控制的国会将如何改革医疗保健制度还有待观察。没有一个国家的医疗保健系统是尽善尽美的。如果你像有的国家那样可以享受免费医疗,你就得不到一流的医疗服务。你不能自己挑选医生。我喜欢看我自己的医生,而不愿看政府或健康维护组织(HMO)为我选的医生。

我们应该关注健康维护组织为缩减成本和追求利润对美国医疗研究计划所带来的后果。我父亲活到64岁,才比那时的平均年龄多一点。21世纪,医疗的进步会让人平均寿命增加到120岁。但是有关这方面的研究(例如,如何治疗癌症等)费用高昂,而且大部分健康维护组织都对此几乎毫无兴趣。

近年来,进入政府企业及民营企业里的妇女地位有所改善,但我们离同工同酬还相差甚远。几个世纪以来,妇女都受到怠慢和歧视。让人难以置信的是在20世纪的美国,妇女还不得不为赢得投票权而奋斗。展望未来,希望在我有生之年可以看到妇女在管理美国方面扮演更重要的角色。一个女人比一个男人更容易成为一个好总统。如果艾林娜·罗斯福(Eleanor Roosevelt)当选美国总统的话,可能要比她的丈夫富兰克林·罗斯福做得更好。我不知道哈丁(Harding)总统的夫人如何,但任何人当总统都可能比哈丁做得更好,在我看来,美国在21世纪初出一位女性总统绝对没有问题。

## 评点总统

这是一件不容易的事。在小罗斯福1945年去世时,许多人认为副总统哈里·杜鲁门(Harry Truman)会上台——如果他们想到他的话——并且都认为他是一个平庸的、小城市里长大的政客,脾气也暴躁。但是时势造英雄。

结果正如大家所看到的,杜鲁门在许多方面都是真正的男子汉。他凡事都认真,知识丰富,大部分都靠自学。我不知道,他若在今天是否依然能够成功。他也许会对大选之前的民意调查很不耐烦。

另一方面,约翰·林赛是一个好人,英俊且口齿伶俐。我很了解他。他貌似总统,但他每次参加总统大选都行之不远。

林赛1965年当选为纽约市市长之前是国会议员,他做了许多好事。他步行于哈林区(Harlem)的大街上,让当地居民感觉到市政府很关心他们。林赛天生激情昂扬,让纽约精神为之一振。

但整体上,林赛不是一个好市长,因此也不能成为一个好总统。他走得太偏了。他与工会公开冲突,使他看上去更像是公众利益的代表。但是他输了。最后工会从他那里得到的,比从他的前任,亲工会的罗伯特·瓦格纳(Robert Wagner Jr.)那里更多的好处。

那些所谓的共和党内的温和派产生过许多不错的总统候选人。

林赛后来投奔民主党(正如我建议洛克菲勒去做的一样),他本来可以成为一个优秀的联邦参议员的。威尔基也本来可以成为一个好总统,洛克菲勒也是。

如果我在洛克菲勒离婚前认识他,我会劝他:“别闹这些无聊的事了,待在你的婚姻里吧。你和哈皮还是可以保持你们的关系,但别离婚。”离婚对他的政治前途造成极大伤害,印证了共和党人最担心的一点,即他太自由了。这次离婚被视为他政治上的致命伤,尤其是对天主教和保守派选民来说。约翰·肯尼迪跟洛克菲勒一样拈花惹草(可能更甚于洛克菲勒),但他懂得一个持久婚姻在政治上的必需性和重要性——尤其是当第一夫人既可爱又受人尊重时。罗斯福总统尽管跟女人关系密切,但从来不会傻到要与艾林娜离婚的程度。

1952年有关民主党领袖阿德莱·史蒂文森(Adlai Stevenson)离婚的消息迅速蔓延,立即损害了他作为优秀的伊利诺伊州州长和杰出的演说家及作家的声誉。人们还怀疑他更多是一个精神追求者而不能成为一个果敢的总统。也许他们是正确的。但我对史蒂文森州长个人印象非常深刻。

当然,虽然史蒂文森在1952年和1956年两度被提名为民主党总统候选人,但他也根本没有机会赢得与德怀特·艾森豪威尔将军(General Dwight Eisenhower)对弈的大选。艾森豪威尔是美国历史上最受欢迎的战争英雄。第二次世界大战中,他著名的艾克(Ike)式微笑(艾克是艾森豪威尔上小学时的昵称)是美国人的定心丸,尤其是当罗斯福总统通常灿烂的脸上开始表情凝重的时候。但是艾森豪威尔总统对我而言一直有些神秘。他虽广受欢迎,但是人们却从来不曾真正了解他。

当参议员民主党人乔治·麦戈文(George McGovern) 1972年竞选总统时,他想与一些华尔街的朋友见面。于是我们在城西的一家酒店举行了一个招待会,地方并不豪华。我立马就喜欢上了麦戈文,我认为他是一个很正派的人,很有影响力的人,但是不够强硬去入主白宫。

麦戈文跟他的竞争对手理查德・尼克松正好相反。尼克松很强悍,有政治头脑,但为人狡诈。尼克松的强悍在很早就显露出来——1946 年他散布谣言为了在国会赢得席位,然后在完全不公平的竞争中赢得 1950 年对海伦・加黑根・道格拉斯(Helen Gahagan Douglas)的选举。道格拉斯是备受尊敬的加州女国会议员,是杰出的演员,是著名演员梅尔文・道格拉斯(Melvyn Douglas)的妻子。尼克松争取总统候选人时,后来我们从白宫磁带里获悉,甚至比"水门事件"中听到的还要邪恶。整个事件从他在加州参加第一次大选时就已见端倪。

1992 年初总统候选人的提名会上,很少有预测比尔・克林顿(Bill Clinton)会成为下届总统。他似乎有太多政治上的不利因素。但是我更喜欢 1992 年 11 月面对选民时的克林顿,远甚于 1996 年 11 月面对选民时的克林顿。第一次竞选时,作为一个挑战者,他把这个国家存在的许多问题摆上了桌面谈论,这是他的前任们所没有做过的,罗纳德・里根(Ronald Reagan)和乔治・布什(George Bush)无论作为挑战者还是在职者都没这么做过。

美国选民喜欢爱戴他们的总统。但是选民比许多政客们想象的要成熟得多。民意调查显示,总统们工作业绩的表现是基于其他因素上的。尽管克林顿努力地让每个人喜欢他,但他还是没有受到广泛的热爱。然而,人们普遍认为他在位期间的工作表现不错。

## 经济决定大选

大部分选举在很大程度上都与经济指标密切挂钩。经济在 1992

年 11 月开始呈现复苏的迹象,但要拯救布什总统已为时太晚。当克林顿任总统四年之后再次面对选民时,美国经济正显示一些疲软的迹象。但经济仍然能足够强势去击败参议员鲍勃·多尔(Bob Dole)的挑战。

预测出一个未来的总统就跟预测经济一样困难。个性、时事及时代潮流都决定了大选结果。所有这些价格昂贵的政治顾问和电视及广播商业答辩造成的结果都差别不大。即使赫伯特·胡佛 1932 年买下那么多的广播电视广告,1929 年的大恐慌和其后的大萧条都注定胡佛不可能再次当选,注定白宫大门会向热情奔放的富兰克林·罗斯福敞开。

有人议论未来的总统很可能是副总统阿尔·戈尔(Al Gore),共和党议员杰克·肯普(Jack Kemp),环保局局长克里斯汀·惠特曼(Christine Whitman),众议院少数党领袖理查德·杰法德(Richard Gephardt),民主党人比尔·布莱德利(Bill Bradley),或其他新人。但无法预料的事情会决定他们 2000 年是否能成功当选。

## 战争的影响

战争是比经济更重要的政治未知数。当我 13 岁时,伍德罗·威尔逊以“他让我们远离战争”这个口号再次当选。接下来的一年里,曾作为和平使者的候选人威尔逊总统在应对民众对德国潜艇战时,却催促美国加入第一次世界大战来“维护世界和平与民主”。

尽管健康每况愈下,罗斯福 1944 年还是第四次连续当选美国总统。当时他的竞选口号是警告大众“不要中途换马”。中途指的是第二次世界大战正打得难解难分。当时整个文明的存亡生死攸关,不仅仅只是某个国家的胜利或失败。我们那时没有选择,只有全力以赴,打赢战争。

在冷战初期,反共产主义情绪如此高涨,以至于杜鲁门总统决定1950年援助韩国攻打朝鲜时,几乎无人反对。杜鲁门的继任者艾森豪威尔领导美国尽快摆脱了这场战争。他知道在亚洲的地面战争不是好打的,无论防御还是攻击都在千里之外,相距太远。

我的观点是,没有人能真正打赢战争。战争各方都是输家。越南战争改变了美国,美国战败,我们损失了一些国家的特征。我们的货币贬值了。我们民族的特征也被削弱了。

谁会预料到越战对未来总统们的影响?看出问题所在的一个人是出版商约翰·莱特(John Knight),他是美国对越政策最早的也是最睿智的批评家。1954年我读到莱特写的一篇社论,警告我们要退出和越南人之间的这场争战。法国总统戴高乐给过我们同样的警告。我很同意他们的观点。我儿子罗伊也同意。他曾就此话题写过早期评论。

肯尼迪总统是一个“冷战斗士”,他强化了美国在越南充当的“军事顾问”的角色。1961年与赫鲁晓夫(Khrushchev)举行的越南问题峰会期间,肯尼迪总统告诉《纽约时报》记者詹姆斯·赖斯顿(James Reston)说,俄国(苏联)领导人在谈话中显示出对美国力量的很不尊重。肯尼迪说,我们要向赫鲁晓夫展示美国实力的地方,就是越南。

肯尼迪总统的继任者林登·约翰逊(Lyndon Johnson)作为共和派候选人击败对手巴里·戈德华特上台,在肯尼迪顾问们的催促下,1964年向越南派遣了成千上万的部队。尼克松多年前曾催促美国应派遣空降兵部队帮助驻越法国部队,在说服许多选民他会取得“荣耀的和平”之后,于1968年当选总统。但他却进一步扩大了战争,轰炸越南北部及柬埔寨。

我一直很关注越南战争对那些被送上战场的年轻人及无数失去

孩子的家庭所造成的影响。成千上万的年轻人受了伤或精神上受到了刺激,即使那些能保全自身的人也遭受了可怕的对美国梦想的幻灭。我认为那些反战的年轻人是正确的。像罗伯特·麦克纳马拉(Robert McNamara)那样曾坚持认为对越战略是正确的领导人,现在也承认他们是错误的了。

世界依旧是一个火药桶。恐怖事件已经在扎伊尔、卢旺达发生,也在阿尔巴尼亚、尼日利亚、苏丹、波斯尼亚、东帝汶、哥伦比亚、中东等地发生了,还会有许多全球其他地区战争的消息将出现在明天的新闻里。

哪些重大事件会决定2000年的总统大选?

20世纪是充满着暴力的世纪。我希望我们的下届总统能带领我们进入一个新的世纪,尽早找到一条通往和平的道路。

## 开卷有益

很悲哀地看到,许多美国家庭愈发没有藏书了。我从书中所学到的,比从正规教育中所学到的要多得多。我相信杜鲁门总统可能是美国历史上效率最高的国家领导人,他也许也是我们最爱阅读的总统。我知道这点是因为我读到一本关于他的书——大卫·麦库罗(David McCullough)所著的《杜鲁门》(*Truman*)。

书不仅开拓我们的视野,还帮助我们做切合实际的选择。我不是指那些手把手教人的手册,而是指从书中我们可以获得知识——就如我从《梵高传》里学到的那样——那些知识可以激励我们前行。

许多人从一个屏幕跳到另一个屏幕——从电脑跳到电视再跳回电脑——却没有停下来阅读报纸,更少去读一本好书。当然,越来越多的报纸都上了网络,书也会有更多的电子版。但我还是喜欢《华尔街日报》的方式,把简要介绍放在头版上。如果我想细读某则报道,像我平时那样,就翻到后面某页去读。

我每天都以愉悦的心情阅读《纽约时报》,尤其是财经版。如果我去欧洲,我会很开心阅读《国际先驱论坛报》(*Herald Tribune*),一份我希望我现在每天早上在纽约还能看到的报纸。这份报纸是《纽约时报》全资拥有的一份英文国际性报纸,总部设在巴黎。

其他我喜欢读的报纸有《经济学家》(*Economist*),世界上真正最伟大的出版物。我还喜欢读《投资者商报》,其品质与《华尔街日报》至少相当。

书是最能吸引我的。我生命中的许多里程碑都由在我办公室书架上的著名书籍记录着,包括詹姆士·乔伊斯的第一版《尤利西斯》。每本这样的书,都与我生命中的一个重要转折点紧密相连。作家拉尔夫·瓦尔多·爱默生的《论补偿》帮我意识到付出者比接受者获得的东西还多。

在临近尾声的时候,我衷心地希望这本书也能成为别人人生中的一个重要标志而被收藏入书架。

# 后记

回首往事,我意识到在我40多岁时,我在管理护卫共同基金和我自己的私人账户,我还是道德文化协会的会长,是美国最大的国立艺术组织美国艺术联盟的主席。我买进艺术品,又把艺术品捐赠出去,我贪婪地读书,享受家庭生活、文化生活和社会生活。

今天我与以往一样忙碌。对我而言,生命还是一场巨大的冒险。我对每天的展望和一个新千禧年的即将来临感到无比兴奋。

罗伊和妻子玛丽在度假(由 Alvin Coleman 拍摄)

当你活到我这个年纪,你也要学会如何面对悲伤并勇敢地活下去。我的大部分老朋友都一个接一个地离开了人世。1997年5月11日母亲节,我即将要写完这本回忆录时,我心爱的妻子玛丽去世了。我对玛丽记忆宛如她还是那个年轻的姑娘,我们一起慢慢变老,一点一滴都栩栩如生,历历在目,难以忘怀。

这本书大部分都理所当然要以过去为中心。我们要从过去中学习,但我早上到办公室时,我还非常真实地活在现实中,并且总是展望未来。

总之,生活待我不薄。我有一个美满的家庭,有一份令人刺激的事业。我希望与你,亲爱的读者,分享一些美好时光,也分享一些不太好的时光,我给了你思想的食粮,鼓励你将来能有所行动。我祝愿你身体健康、好运常伴!

# 关于康纳布尔夫妇

艾尔弗雷德·康纳布尔(Alfred Connable)和罗马·康纳布尔(Roma Connable)夫妇,帮助他们的朋友罗伊·纽伯格准备了这本回忆录。他们都是密歇根大学的毕业生,在为大学报纸工作的时候相识。他们在纽约长岛定居,有两个儿子[本(Ben)是海军军官,乔尔(Joel)是洛杉矶一家广播电视台的记者]。康纳布尔夫妇的写作时间已长达35年。